传媒实操小红书
不容错过的爆款小经验

传媒茶话会 / 主编

人民日报出版社
北京

图书在版编目（CIP）数据

传媒实操小红书——不容错过的爆款小经验 / 传媒茶话会主编 . —北京：人民日报出版社，2023.1
（传媒实操小红书）
ISBN 978-7-5115-7607-1

Ⅰ.①不… Ⅱ.①传… Ⅲ.①电子商务—运营管理—文集 Ⅳ.① F713.365.1-53

中国版本图书馆 CIP 数据核字（2022）第 234296 号

书　　名：	传媒实操小红书——不容错过的爆款小经验
	CHUANMEI SHICAO XIAOHONGSHU—BURONG CUOGUO DE BAOKUAN XIAO JINGYAN
主　　编：	传媒茶话会
出 版 人：	刘华新
责任编辑：	林　薇　梁雪云　葛　倩
版面设计：	九章文化
出版发行：	人民日报出版社
社　　址：	北京金台西路 2 号
邮政编码：	100733
发行热线：	（010）65369509　65369527　65369846　65369512
邮购热线：	（010）65369530　65363527
编辑热线：	（010）65369526　65363486
网　　址：	www.peopledailypress.com
经　　销：	新华书店
印　　刷：	北京博海升彩色印刷有限公司
法律顾问：	北京科宇律师事务所　（010）83622312
开　　本：	880mm×1230mm　1/32
字　　数：	161 千字
印　　张：	8
版次印次：	2023 年 5 月第 1 版　2023 年 7 月第 2 次印刷
书　　号：	ISBN 978-7-5115-7607-1
定　　价：	47.00 元

本书编委会

主　　　编：刘灿国
常务副主编：刘　娟
副　主　编：陈　莹　李　磊　宋园园　喻楷钧
　　　　　　叶　莉　汪　威　刘　莉　张　璇
编　　　辑：李光却卓玛　葛　畅　韦佳利　朱诗杰
　　　　　　黄云程　王　琪　姜家萱　金　鑫　刘　勇

序一 新闻人三笔写好"大"字

翟惠生
中国记协原党组书记、常务副主席

我常常关注着传媒茶话会,也是传媒茶话会成长道路上的见证者,所以当我得知传媒茶话会要把文章汇集成册由人民日报出版社出一套书并请我作序时,我欣然应允。

在我的印象里,传媒茶话会的选题和文章在同类传媒研究公众号里独树一帜,它毫不动摇地坚持党性原则,贴近新闻界的实际、贴近社会实践、贴近人民群众,而这几个贴近也体现出了它的主流价值观——预见、权威、影响。

拿到书稿后,翻阅了这本书的目录,从中我看到了传媒茶话会对媒体当下面临的疑惑的精准洞悉和感同身受。传媒茶话会试图用这三册书,帮助新闻人写好"大"字——成为一名大展拳脚、顶天立地的媒体人。

国庆、建党百年宣传报道要注意哪些问题?两会报道规范用语、常见差错有哪些?……都说捉蛇要拿七寸,传媒茶话会的这些文章真是把准了媒体人的脉。

《传媒实操小红书·不能不说的避雷小建议》就是"大"

字的第一笔,这一横是媒体的根。新闻报道是政治性很强的业务工作,又是业务性很强的政治工作,尤其是涉及重大时政议题的内容,不能犯丁点儿差错。它们就像是一把悬在媒体人头顶的达摩克利斯之剑,让人战战兢兢,如履薄冰。最常见的例子,每年的两会,"两会"一词加不加双引号?全国人大代表提的是"议案"还是"提案"?全国政协委员是"讨论政府工作报告"还是"审议政府工作报告"?政协委员是"界别"还是"届别"?……类似这样的问题,对于初入新闻行业的人来说,想要分清楚有一定难度。这册书深入浅出,让读者不仅知其然而且知其所以然,工具性、实操性非常强,是媒体人案头不可或缺的一本工具书。

"大"字去掉一横,就是个"人"字,一撇一捺,相互支撑、相互倚仗,这个人才能立起来。对于新闻从业者来说,要想成为一个顶天立地的新闻人,还得靠一篇篇扎实的作品说话。而扎实两个字的具体体现,我认为在于真实、客观、专业的报道,以及作品所产生的巨大的社会影响力。

真实、客观、专业的报道是"人"字的"撇",坚持新闻专业精神写出来的报道,是追求社会影响力的前提。如何让新闻专业精神更贴近新闻实操工作,而不是教材上干瘪的理论?如何在理论与实践中找到平衡点?老实说,一个没几个人在传统媒体干过活的传媒研究公众号想在一群传媒老炮面前说三道四指点业务,没有点真功夫是无法服众的。

2022年6月10日,唐山某烧烤店发生一起寻衅滋事、暴力殴打他人案件。某家媒体一篇新闻报道因为表述不当引发了公众的反感，批评的声音很大。在很多自媒体都忙着跟着骂媒体的时候，传媒茶话会一篇《唐山打人事件是女性的噩梦，报道缺乏正确价值观是公众的噩梦》横空出世，文章一针见血地指出了这篇报道之所以引发争议，表面上看是措辞不当，实际上是记者编辑缺乏基本的价值观，陷入了绝对的新闻客观主义的"窠臼"中。

除了指出媒体的得失，《传媒实操小红书·不可不知的采编小技巧》还在如何写好新闻消息、评论、深度报道等方面，提供了一些有益的参考。

"人"字的另一笔，是"捺"，新闻人要想真正立足行业，还是得有响当当的作品。在新媒体时代，阅读量不仅是媒体人的 KPI 考核指标，也是评价一篇报道、一个作品是不是爆款最直观的指标。媒体人对阅读量的追逐就像是传统媒体时代对发行量的追逐，阅读量在一定程度上就是影响力。

爆款选题长什么样？命题作文如何做出爆款？时政稿件如何做到年轻人催更？如何运营出一个爆款不断的新媒体账号？《传媒实操小红书·不容错过的爆款小经验》的一个个话题似乎把媒体人的想法揣摩透了，专门"投其所好"，从具体案例着手，拆解流量密码，提炼了众多可推广的实践经验。

合上书稿，我看到了传媒茶话会对新闻工作的热爱和对新闻从业者的感同身受，正如它从创办之初就始终在为如何让媒体人活得更有尊严而努力。

2020 年新冠肺炎疫情发生，湖北省武汉市成为重灾区，为了把武汉的实际情况报道给公众，面对情形不明的病毒，无数新闻工作者毅然逆行至武汉，物资紧缺，很多媒体人都缺乏防护物资。了解到这一情况后，传媒茶话会在大年初一毅然发起了"疫情报道者援助项目"，共筹集善款2764000元，早期从海外购买防护物资援助一线记者，后期将剩下的270多万元资金以关爱金的形式，按照人均100元/天的标准，发放给450位"逆行"湖北的新闻工作者。

2021年，了解到很多媒体人因为长期值夜班给身体造成了一定的影响，传媒茶话会又联合中国光华科技基金会发起了"夜班媒体人援助项目"，为新闻单位免费配备"心脏除颤仪"（AED），并向援助对象发放1万—30万元不等的援助金。2021年，向37位夜班媒体人发放了150万元的援助金。并且，这个项目还将持续办下去。

守正笃实，久久为功。作为一个小小的公众号，传媒茶话会自身并不富有，近两年来才勉强实现收支平衡，而在此之前的三年里，是他们咬着牙投入真金白银，不仅养着一支专业的团队做内容，还为媒体人做了不少公益，个中艰辛我想只有他们团队自己清楚。好在，功夫不负有心人，现在在我的微信朋友圈，我注意到有越来越多的媒体人会分享传媒茶话会的文章，在一些媒体业务交流群里，大家还会就某篇文章展开讨论。推动媒体人对新闻业务的研习，我个人认为是非常有益的。而这三本书，既是传媒茶话会六年的积淀，也将会是媒体人离不开的工具书。

序二　新闻这杯茶

米博华
人民日报社原副总编辑

刘灿国同志嘱我为传媒茶话会编写的"传媒实操小红书"系列（三册）写点介绍性文字。浏览书稿，会心一笑，心想，传媒茶话会确是道中之人："采编小技巧""避雷小建议""爆款小经验"多是记者编辑的"随身用"。这几款茶，有色有香有味有型，啜苦咽甘，提神醒脑。

不敢说懂茶，却也十分热衷：一是曾受人民日报委托，做过几届中国新闻奖评委会副主任委员，对其发展脉络还算熟悉；二是办报上夜班近十年，处理各种繁重编务，经验和教训都不少；三是近期正撰写新媒体评论教材，收集了不少案例，对"爆款"很有兴趣。上述三册书稿所涉内容，既是重温，也是学习，犹如得闲煎茶，新火试茶，"无由持一碗，寄与爱茶人"。

书中所选案例和评述解读，准确、精到、专业，应该对读者多有启迪。这里，结合自己的新闻工作实践做些补充，但愿对读者有些许助益。

中国新闻奖——获得中国新闻奖，对从业人员无疑是莫大荣誉。这个奖是中宣部批准、中国记协主办的全国最高新闻奖项。对于地方和单位特别是个人，获得中国新闻奖是对工作的高度肯定。正如长江韬奋奖的获得者，相当多的是名记者、名编辑，不少日后成为新闻单位的领导。所以，报送单位和作者本人都格外看重，竞争也十分激烈。

正因如此，评奖条件相当严格，获奖因素也比较复杂。首先是，政治上必须合格，这是前提。我参评多届，回想起来，因舆论导向不妥或错误的，似乎极少见过；说明报送单位对舆论导向把关、审核很严。这无须多说。

中国新闻奖，当然要面向全国，统筹全局。报纸、广播、电视、网络等各类媒体，通讯、消息、评论等各种体裁，重大活动、主题报道、突发事件、社会生活等各种题材，都需要统筹考虑。还有，中央新闻单位和地方新闻单位，党媒和都市类媒体，军队和地方，东部、中部和西部等都需要综合平衡。所以，一篇作品能否获奖，获哪类奖，涉及因素很多。

评奖很难做到绝对公平。大省市和中央新闻单位，相对来说新闻资源比较丰富，容易出好作品。如，有些国家重大新闻报道，并非所有新闻单位都有机会采访；而有些边疆地区，记者跑上十天半个月，也未必能采访到高价值的新闻。有些大型政论，改写个十遍八遍，实属正常；而有些精彩的新闻照片，碰上了就是机会。采访成本和创作难度不一样，这也是显而易见的。

在我印象中，每次评奖大多能达成这样的共识，既要坚持高标准严要求，也要从实际出发，具体情况具体分析。评上的必须够格，不够格的不能被评上，这是原则。获奖的应该是比较优秀的作品，但同时，没被评上的未必不优秀，这也不无遗憾。

中国新闻奖，是对当下中国新闻事业发展的全面展示，其导向、示范意义十分重要；同时也是对新闻工作者的个人工作成就的表彰。如前所述，获得中国新闻奖，对单位和个人当然是一种肯定，但也并不意味着这是优秀的唯一标准。对新闻工作者来说，担当社会责任，履行记者职责，潜心研究业务，不断提高本领，才是新闻工作者的本分。获奖则是这种努力可能得到的结果。努力和结果都很有意义，都值得尊重。

"避雷"建议——熟练使用中国的语言文字，规范表述，准确表达，是采编人员和各类媒体的职责，也是提升全社会文明水平的一项重要建设。我做新闻工作多年，采编难以计数的稿件，但有一件事吹不起牛，就是写稿依然有错字别字，读稿依然念错音，个别字甚至根本就不认识。新闻报道，涉及太多方面内容，常用汉字有数千之多，无所不知，几乎是不可能的。直到今天，我仍然保持一种习惯，随身带上一本《新华字典》，桌上放一本《成语大词典》。不懂就翻，有疑就查。咬文嚼字，这应该是文字工作者的一种职业"嗜好"。

"小红书"所说的"不可不知"，确是采编工作"避雷"指南，但不应仅被看作一般意义的检校工作。我上夜班的体会，多半不规范的表述和不准确的表达，第一责任人是记者。绝大多数的事实错误均来自原稿。比如把"张三"写成"李四",很多时候是检校无法识别的;把"副总经理"写成"总经理",也常常无法检查出来。而作为主流媒体,报道出现哪怕是技术性疏漏,对当事人或对被报道单位,都会造成很大麻烦。所以,我们在采编工作中反复强调,不要因技术性失误导致政治上被动。应记住,误读、误解、误会,有时会造成难以挽回的损失,太不值得却又追悔莫及。

近些年来,中国新闻奖评委会增加了技术审核专门委员会,对字数要求、文法规范、标点使用等,采取更为严格的要求,不论任何人、任何报道,不达标或有错误,一票否决。有些非常好的作品,就是因为技术性差错而被否决,很可惜。也正因如此,主流媒体如人民日报、新华社都十分重视采编技术把关,信源真实可靠,表述规范准确,大可放心采用、引用。这本"小红书"所提"避雷"建议,大多是主流媒体多年总结的经验,价值很高。

当然,我翻看这本"小红书"依然收获很多,因为有些文字的提法、用法,我过去从未留意,也是第一次看到。说明,做人做事还是别那么自以为是的好。"人生有涯而知无涯",至理也。

"爆款"怎样炼成——"爆款",这无疑是三册书中最具挑战性的实战评述,大约可以算作一部教材。

我们国家新闻学水平不低。赓续党革命建设改革以来形成的宣传工作优良传统和丰富经验,中国特色社会主义新闻理论有着完整的体系。相对而言,传播学则比较薄弱,这与我们长期重宣传、轻传播的思维模式有关。从某种意义上说,这正是主流媒体在传播能力方面比较薄弱的原因所在。"小红书"第三册所举案例和所做分析，有些聚焦的是主流媒体平台，有些研究的是专业记者公众号。而有些则是自媒体的成功案例，尤其有参考价值，值得我们深入思考：我们的新闻资源、专业能力、发布平台，条件优越，但为什么费了老劲做出的产品，受众不稀罕、不喜欢，问题出在哪儿？当今做媒体，不把这事弄清楚、说明白，有时往往事倍功半，忙而无用。

这里说的"爆款"是指门户网站和各类平台刊发的具有广泛影响、巨大流量的报道与评论，其中不少是自媒体开的大号。但有些主流媒体的公众号和短视频号，也做得非常成功。如"侠客岛"（人民日报）、"牛弹琴"（新华社）、"青蜂侠"（中国青年报）、"玉渊谭天"（央视）等，消息来源可靠，评述准确精当，是主题宣传和官方声音的有力补充。据我所知，举凡发生重大新闻，推出上"10万+""爆款"的，多系这些专业媒体机构。

自媒体这些年风生水起，有些有主流媒体和科研院所背景的"大V"，担纲流量，一呼百应，好生了得，这个不必多说。需要强调的是，重视流量、推陈出新，策划"爆款"、占领先机，这没有问题，但不能为流量而流量，能吸睛而没价值。新闻报道，添枝加叶；新闻时评，耸人听闻。这些年多次出现为"爆款"而制造假新闻，这种现象值得注意；特别是敌对势力透过"爆款"，操控议题、暗带节奏，这方面问题应引起高度警觉。

传媒茶话会是媒体人联谊的平台、交流的窗口、研讨的沙龙。很多新闻界同行相识于传媒茶话会,很多老同事重逢于传媒茶话会,以茶会友,十分开心。疫情间,不少同行"禁足"在家,多亏传媒茶话会,使新老朋友有个地方聚聚、聊聊、侃侃,而其间还经常刊发一些专业论文和编采信息,让人大呼过瘾。新闻这杯茶,大家喝了一辈子,然而新茶上市,我们还是年年都有品茗的兴味。

是为序。

序三　开门好传统，兴报又旺号

顾勇华
中国记协原党组成员、书记处书记 | 人民日报社高级编辑

微信公众号传媒茶话会是服务媒体的新型传播方式。创办六年以来，推出一篇又一篇深受读者喜爱的文章。此次更是应读者吁请而不是因自身宣传之需，精选三组文字结集出版，这在微信传播史上是一件并不多见的值得称道的事情。

公众号创办人、中国经济媒体协会刘灿国副会长嘱我为这套书写个序。我写不了这个序，因为我对微信公众号传播规律的研究还不够深入透辟。但是，我愿意根据对传媒茶话会诞生以来编辑部业务的了解，以及对公众号传播特色的认知，提供些许材料请大家参考。

作为新的媒体传播方式，传媒茶话会创办之初就明确了对党报优良传统的继承和发扬。其中，最为成功的是"开门办号"。开门办报是党报最具特色的传统，在历史上发挥了重大作用，20世纪90年代开始有所弱化，多因认为新媒体不需要。但是，实践证明新媒体同样离不开开门办报。没有这一条，媒体融合就难以推进。2020年9月底，中办、国办印发的《关于

加快推进媒体深度融合发展的意见》明确提出，要走好全媒体时代群众路线，大兴开门办报之风。而此时，传媒茶话会"开门办号"已经三年多了。

"开门办号"的基本方式，就是话题从媒体来，因而十分切合实际；解题对策从媒体来，因而能够很好地满足大家思考问题的方向定位；公众号与媒体往复对话，因而有效深化了主题。此次结集出版的话题涉及中国新闻奖。这个奖虽然不是国家奖励，却是行业最高最权威的奖项，为大家所看重。怎样才能获奖，其实是个难题。公众号要言不烦，抓住重点要点，明晰而简洁，很是难得。报道重大事件要规避哪些问题，是公众号一大特色，受到重视不言自明。采写经验，则是"开门办号"最直接的表达方式，也为更多编辑记者的经验共享开辟了通道。

优良传统的继承与发扬光大，使传媒茶话会初步做到了捕捉话题快人一步，切入话题新人一层，议论话题高人一等。这个特点也渐成自己的编辑方针。

传媒茶话会在服务对象心目中，初步形成了不可取代的威信。这主要是，遇有重大话题，想听听公众号说了什么。同时，在"开门办号"中传媒茶话会也形成了自己的话语风格，这是一个趋向成熟的公众号的标志。比如，坚决反对标题党，从而生产了一个又一个好标题；又如，针对不同内容，力求话语与内容匹配，这就需要编辑的业务娴熟，以及对内容的理解深刻。

传媒茶话会能引起多方面关注，是因为公众号在编辑业务、运营业务、媒体公益方面,有一支非常优秀的队伍。这支队伍年轻,却老到;是互联网一代,却对报、台传播规律的认知独到。

奉献给读者的是三本小书,但是,为媒体融合发展的未来走向,提供了可以研究的经验,很有意义。

目录 CONTENTS

10万+文章的选题长什么样?   001
    寻找有卖点的选题   002
    新闻的本质是对人的影响   002
    善于抓住情绪,是成长为一个大号的基础   003
    追求信息增量,追求"黑天鹅"   004

83天30篇10万+,16条短视频1000万+,新媒体这样做!   006
    说——把故事说好,让新闻有效益   007
    巧——传播讲技巧,让新闻有时代特征   010

日均一篇10万+!中国教育报官微运营有啥秘诀?   014
    4种思维   015
    6个要诀   017
    10个自问   018
    3个思考   020

1.6亿点赞！西城男孩在微信视频号上大火！揭秘爆款密码！ 022
这不是一场偶然的"火" 023
媒体如何打造能"火"的视频号？ 026

公益短片也能拍出爆款？这家媒体的秘诀是什么？ 030
结合媒体定位，攫取真实、平凡之光 031
找准共鸣，颠覆程式化策划 033
多方参与，严把内容与价值导向 035

这些海报刷爆朋友圈！媒体成立海报工作室有啥用？ 038
媒体有必要成立海报团队吗？ 039
如何配置海报团队、团队怎样运行？ 042
做好海报的4个要点 044

传统媒体人如何做公众号？"牛弹琴"这样说！ 047
为什么要办"牛弹琴"这个公众号？ 047

超亿人次"追红星"，这款新媒体互动产品如何炼成？ 060
好创意、小切口，做活大主题 061
年轻态、参与感，赢得年轻用户 063
多渠道、强互动，精细化运营 065

回忆杀演唱会播一次火一次，中年用户同样值得媒体关注 067
回忆杀，播一场火一场 067
主流媒体要同样重视中年用户 069

央视网这组时政稿竟然让90后"催更"！怎么做到的？ 073
用好"故事杠杆" 以小切口撬动大主题 074
创新表达方式 打破"次元壁" 075
丰富传播体验 融合发展在路上 077

新华社这个两会策划为何能出新出彩？ 079
主流媒体牵手网络平台 080
主动设置议题，提出时代之问 081
新媒体形态融合互补 083

揭秘！新华社这组互动报道为何让全网"破防了"？ 085
优势互补跨界深度融合，打造爆款融媒体产品 086
互联网思维，打造立体、多元化传播 088
创新主流价值讲述方式，让大流量澎湃正能量 090

播放量破亿！法小治法小宝这对动漫普法形象咋出圈的？ 093
权威法学专家加持，创新讲解"十一个坚持" 094
Rap、弹幕轮番出新，传播语态有活力、接地气 096
塑造动漫形象，寻法打卡让人停不下来！ 098

不想上热搜，却总上热搜！媒体上热搜的秘诀是什么？ 102
媒体为什么抢热搜？ 103
千军万马过独木桥，热搜难上！ 104
热搜是运营出来的 104

全网播放量超1亿！这部催泪微电影的爆款密码是啥？ 108
故事鲜活、主题鲜明，呈现"微"言大义 109
讲好故事、创新方法，打造优秀作品 111

全网传播量超45亿次，看这档融媒体栏目如何破圈？ 114
主流媒体+头部平台，探索媒体融合新样态 115
精心策划+优质内容，以声为媒讲述好故事 116
全媒体传播+互动参与，精品内容赢得年轻受众 118

《我怎么这么好看》《唐宫夜宴》火出圈，爆款创作密码是什么？ 122
  优质内容是破圈的内核 123
  年轻态叙事是破圈的外壳 125
  如何创作年轻态融媒体产品？ 127

现"象"级传播：如何激发外媒点赞中国的内生动力？ 129
  云南象群何以成为中国形象宣传的主角？ 130
  现"象"级传播带来哪些启示？ 132
  如何激发国际媒体点赞中国的内生动力？ 133

爆款新闻短视频频出，青蜂侠有何妙招？ 136
  从"青独家"到"青蜂侠" 137
  升级"融媒云厨"，全员"饱和式生产" 139
  未来，全面激活UGC 141

没想到！令人头疼的国际传播竟被一粒咖啡豆搞定了！ 143
  3分34秒，它如何创新讲透"咖啡脱贫"的故事？ 144
  如何契合海外年轻受众的接受心理？ 146
  深度融合下，如何破解"传而不通""通而不受"的困局？ 150

超1.2亿沉浸式观看！竖屏看春晚让年味"虎"出次元壁！ 153
  春晚首次竖屏沉浸式直播 实现叙亲情、拉家常跨屏联欢 154
  抢红包封面、点赞跳老虎……新年互动"虎"出次元壁 155
  现象级作品频出 微信视频号成为短视频平台后起之秀 157

创新访谈节目范式，看21岁高访节目如何焕发新活力　159
- 老牌《对话》看上了"新物种"　160
- 打造一场沉浸式访谈节目　162
- 21岁《对话》走出舒适圈　165

有"颜值"有实力，今年两会报道，这家央媒稳占C位　169
- 形式新颖，多元融合，增强两会传播亲近性　170
- 创优内容，创新表达，提升两会报道传播力　172

24小时破10亿！央视这篇最高领导人特稿为何能这么火？　175
- 秘籍一：起笔"切口"小　落笔"站位"高　176
- 秘籍二：融合新闻采编宣发渠道　176
- 秘籍三：坚持移动优先策略　177

主流媒体+品牌主如何合作？这对"CP"火了！　180
- 以"跳好街舞"的姿态推进媒体融合　181
- 创新表达，让内容更贴近年轻人　182
- 巧借热点，打造有网感的内容　184
- IP联动，内容+营销完美融合　186

小年夜牛人"过招"，融媒联动再出新花样！　189

主流媒体如何赢得年轻人？这款叙事互动产品打了个样　195

一个端午互动，凭什么吸引152个国家的海外华人参与？　204
- 跨屏击水奋楫，划满端午仪式感　205
- IP游戏深溯非遗民俗，文化遗产活起来！　207
- 数字助力传承，文化精神代代传！　209

一场主题直播超亿人次观看，"中国退役军人"这样出圈！　212
　　立足红色资源，开辟独特视角　　　　　　　　　214
　　内容生动多样，厚植爱国情怀　　　　　　　　　216
　　整合平台资源，紧扣时代脉搏　　　　　　　　　217

后记　价值观指引我们坚实前行　　　　　　　　　220
大咖推介　　　　　　　　　　　　　　　　　　　225

10万+文章的选题长什么样?

本文首发于2018年7月23日
作者:刘娟

"新闻的本质是对人的影响。"这是一点资讯副总裁、总编辑吴晨光为近百家媒体做的主旨演讲中的一句话。

10万+文章的选题长什么样?如何寻找10万+选题?

传媒茶话会特邀吴晨光以《10万+·百万粉·算法控自媒体运营的秘密》为题,破解新媒体号运营秘密。

"在任何时代,东施都不会成为美女。同样,鲜明的主题、独到的角度、严密的逻辑以及优美的文字、精致的包装……这些对美文的标准永恒不变,也只有这样的内容,才称得上真正的10万+。"一点资讯副总裁、总编辑吴晨光告诉传媒茶话会,要生产优质内容,首先就需要在选题上下功夫。可读性、重要性、信息增量则是一个好的选题应该具备的要素。

寻找有卖点的选题

"选题的卖点，就是选题的可读性。"吴晨光告诉传媒茶话会，文章的卖点决定了文章是否有更多的人关注，是否会形成广泛的传播。

吴晨光尤其强调可读性中的冲突性。

"新闻中出现的冲突越激烈越吸引眼球。"吴晨光告诉传媒茶话会，冲突包括人与人之间的冲突、种族之间的冲突、民族之间的冲突、人与环境之间的冲突，以及不同观点、价值观之间的冲突。

中央政法委官方微信公众号"长安剑"曾多次发文描述新疆武警清缴恐怖分子的细节，比如《恐怖分子把匕首插进武警战士的嘴里时，这位武警开了枪》，因为冲突非常激烈，很多类似文章的阅读量都超过了100万次。

新闻的本质是对人的影响

"一名时政记者告诉我，一条时政新闻的重要性体现在如何影响政策；一名财经记者告诉我，一条财经新闻的重要性体现在影响财富流动的多少；但我认为，新闻的本质是对人的影响。"吴晨光认为，新闻的重要性体现在影响了多少人，影响了什么人，影响到什么程度。

2008年，三鹿奶粉事件震惊全国，不法分子为了牟取暴利，在鲜奶中添加化工原料三聚氰胺。事件发生后，在网上引发了众多媒体关注，并引起了广大消费者的哗然。

吴晨光认为，文章之所以刷屏，正是因为它影响到了每一个人，影响到了孩子。

"老人、孩子、妇女等弱势群体是社会的敏感神经，一旦触及，就会引发刷屏式的传播和热烈的讨论。"吴晨光告诉传媒茶话会。

"如果说，卖点是新闻可读性的反映，价值就是新闻必读性的反映，卖点是生猛的，价值是隽永的。"吴晨光表示，如果只对热点选题保持热烈地追逐便会陷入"负面扎堆"的选题环境中。所以，必须要强调选题的价值。

善于抓住情绪，是成长为一个大号的基础

2016年春节期间，一条关于"上海女孩与男友为何分手"的帖子引爆朋友圈。讲述了一位小康家庭的上海女孩跟随江西男友回农村过年，在见到现实农村的场景时表示难以接受，并最终决定分手。

"尽管这件事最后被认定为是假新闻，我们反对假新闻，但其传达的却是一种最真实的情绪——基于中国城乡二元结构，农村人和城市人之间的差距以及对立情绪一直存在。"吴晨光告诉传媒茶话会，不能一味消费情绪，但要懂得运用情绪。善于抓住情绪，是成长为一个大号的基础。

吴晨光表示，媒体或者自媒体利用社会情绪寻找选题、追求10万+，本质上无可非议，但切忌炒作情绪，他鄙视只靠贩卖情绪追逐流量而忽略了事实真相的选择。

他同时强调，媒体人应该要看到，情绪是现实社会中潜藏的问题在网络世界的集中反映。在一些重大事件中，负责任的媒体应该负担起尊重事实、疏导公众情绪的职责。

追求信息增量，追求"黑天鹅"

"好的故事应该具有可读性——戏剧性、冲突性、独特性、唯一性等要素，但最主要的要素是应该具有信息增量——延展性和复杂性。"吴晨光表示，媒体人应该给公众提供欲知、应知、未知的内容，不重复其他媒体已经报道的东西，不说正确的废话。当别人都在说天鹅是白的的时候，我们要去寻找"黑天鹅"。我们要善于发现另一个角度，但切忌哗众取宠。

"尤其是针对所有媒体都关注的信息，选择什么样的角度介入，是能否独占鳌头的重要手段，不要贪图大而全，而要追求小切口、大主题。"吴晨光告诉传媒茶话会。

在李天一案件中，受害人一度被爆出是"小姐"，一个栏目就以"强奸性服务者算不算有罪？"从人权和法治的角度将话题引向深入。

"追求独到的视角更为重要，久而久之就会形成自己的品牌。"吴晨光表示。

朴素蓝天：

我特别赞成吴总的观点，"新闻的本质是对人的影响"。话题击中内心最敏感之处或者痛点，话题与大多数人有关系，触及人们的切身利益，关注民生、贫富问题，更加容易引起关注。这两天热议的"假疫苗"事件，引起人神共愤，因为这涉及几十万个家庭，涉及孩子的健康，涉及下一代，涉及整个社会的价值观。虽然如今是个多元化的时代，人们对未来有着前所未有的不确定感，但是，以传递价值观为卖点、深刻影响人群的内容，依然很受关注。

曹sir□□□□□：

很赞同这样一句话：媒体人应该给公众提供欲知、应知、未知的内容，不重复其他媒体已经报道的东西，不说正确的废话。当别人都在说天鹅是白的时候，我们要去寻找"黑天鹅"。我们要善于发现另一个角度，但切忌哗众取宠。

徐琦：

在现场听过吴总的讲座，觉得他是一个非常严谨、有思想的媒体人。但是从他的一些观点来看，随着新媒体的发展，过去我们在新闻学课堂上的一些常识正在受到挑战。比如，新闻最重要的是真实，但一篇10万+的文章，影响力才是第一位的；新闻要求客观，不能携带主观意识，可是一旦要利用社会情绪，甚至要求渲染某种情绪，那么这一点也要受到挑战。从这个角度讲，吴总的观点也间接驳斥了新闻无学的说法，新闻真的很有学问，要活到老，学到老。

83天30篇10万+，16条短视频1000万+，新媒体这样做！

本文首发于2020年4月20日
作者：金珠

2020年2月6日，"我有熔喷布，谁有口罩机"的声音在各大圈层传递。"口罩喊话"一出，3小时锁定合作伙伴，该条微博转发超过11000人次，"石化体"火了，中国石化也一度成为抗疫国家队中的"网红"央企。

疫情发生以来，中国石化的新闻宣传工作人员积极发声，不间断发布正能量新闻——13次登上央视《新闻联播》，1次登上《焦点访谈》，30篇微信文章获得10万+，16条短视频单篇播放超过1000万次……

中国石化的努力，也得到了媒体的高度认可。据统计，2020年1—3月，中国石化相关新闻（资讯）总量53510篇（条），媒体好评率为98.7%。疫情防控期间的新闻宣传正向引导作用明显，对公司品牌美誉度的贡献明显。

好评无数的背后，有何奥秘？中国石化新闻办公室新闻处主管金珠将从"说"和"巧"这两个方面为你解答。

说——把故事说好，让新闻有效益

中国石化新闻办公室主任吕大鹏说："做到了，没说好，就可能产生缺憾；没做到，说过了，就可能产生假新闻；做得好，说得好，这才是新闻宣传工作者的最大追求。中国石化这次战疫宣传报道的成功，前提是做得好。同时，公司上下一致，把宣传工作作为抗疫工作的一个重要环节来抓。"

作为沟通企业与外界的桥梁，中国石化新闻办公室实际上发挥了企业新闻通讯社的作用。从发起策划、统筹协调、新闻加工到渠道传播，建立了高效信息发布机制。

一是新闻发布高质高量、话题丰富。整体新闻传播高产、多产。在国家所急、民众所需的关键节点上，中国石化新闻办公室与企业行动零时差，堪称"新闻永动机"。

疫情发生以来，中国石化新闻办公室不间断发布"中国石化决定速上10条熔喷布生产线"等高质高量新闻通稿60多篇，全网累计报道转载超过2万条。

中国石化在口罩产业链中原本是上游聚丙烯原料的生产者，为了保障中游熔喷布价格稳定和下游口罩产品质量和供应，决定打通产业链，全面介入熔喷料、熔喷布和口罩生产，实现"跨界"支援。2020年2月24日、3月9日，中国石化党组两次做出决定，快马加鞭建设熔喷布生产线，助力口罩生产。

针对这些有价值的信息，中国石化官方微博同步跟进，发布"我有熔喷布，谁有口罩机""我有易捷店，谁有滞销品"等有影响力的微博1300条，阅读量超过7590万次；83天，微信公众号总阅读量达1118万次，30篇公众号文章收获10万+，单篇最高阅读85万次。抖音、快手短视频发布497条，总点击量高达7亿人次，"为雷神山医院免费供油""为了口罩我们拼了""熔喷布生产线是怎么建成的"等16条短视频单条播放超过1000万次，30条短视频单条播放超过500万次。

热议话题接连不断，形成多个传播高峰，贯穿于抗疫全程。

如中国石化承诺多生产医卫原料、医卫原料不涨价；向雷神山建设工地免费供油，为雷神山、火神山医院救护车辆免费加油；紧急上马10条熔喷布生产线；燕山石化"学习火神山，十二天建厂"；仪征化纤建成国产化率95%熔喷布生产线；启动"百日攻坚创效"行动，化解疫情油价双重压力……

二是策划系列新闻，分阶段、分解式传播。中国石化按照节奏不断释放后续生产动态、关键节点事件，维持话题热度，采用了全平台、全媒体、全过程、全覆盖以及分阶段、分节奏的"四全两分"传播方式。

以"口罩机"话题为代表的开放式新闻，本身具有话题性、科普性，处于未完待续状态。通过持续发布动态，策划口罩系列新闻发布："中国石化：口罩原料一律不涨价；中国石化已成功对接11条口罩生产线；中国石化决定速上10条熔喷布生产线；中国石化与民企纳通联手产出口罩……"将口罩生产的每一个关键节点，拆解传播，达到不断重复的效果，让"跨界""生产口罩"成为中国石化在特殊时期的特有标签。

三是创新新闻加工手法。首先是运用形象化的比喻手法加工新闻。这是中国石化较为擅长、惯用的新闻加工手法。以网民们较为熟悉的家长里短、生活经验为比喻，来解释较为生涩难懂的专业生产关系。这不仅易于话题传播，更便于大众理解与记忆，增强了新闻的趣味性、可读性、易读性、亲和力及传播力。

在介绍口罩生产时，中国石化新闻发言人吕大鹏在新闻中打比方：从中国石化原料到口罩成品，有四个环节：一是聚丙烯原料，二是熔喷料，三是熔喷布，四是口罩生产。这相当于从"麦子"到"面粉"再到"面皮"，最后生产"花卷"。而处于最上游的是种"麦子"的中国石化，为了国家和人民的需要，决定打通产业链，走出一条"跨界"支援之路，这相当于种麦子的开始自己磨面粉、擀面皮、蒸花卷了——这一形象说法被央视《焦点访谈》等众多媒体引用。

四是借助网络体，进行标签式传播。口罩新闻发布后，石化体"我有熔喷布，谁有口罩机"迅速走红。"我有……，谁有……"成为中国石化的新闻标签，提高了中国石化的传播识别度，被誉为"石化体"现象级传播。中国政府网开设的物资交换平台，直接就用"我有熔喷布，谁有口罩机"作为主页面。

巧——传播讲技巧，让新闻有时代特征

"巧"是指基于事实的技术传播手段。不同的新闻产品要有不同的传播平台，才能达到最大的传播效果。

严肃话题严肃推，轻松话题轻松推，"时效靠微博，深度用微信，感性发视频"。战疫宣传浪潮中，各方声音交织繁杂，常态新闻很容易被淹没。而中国石化得以突围，还归功于在宣传上善于紧扣企业自身优势，实现差异化传播。

时效靠微博。疫情持续肆虐，医用口罩等医疗物资告急。2020年2月5日，国务院国资委要求生产企业做好医疗物资扩产排产，以战时状态强力推进医疗物资生产供应，为打赢疫情防控的人民战争、总体战、阻击战提供有力物资保障。

2020年2月6日，口罩紧张现象日益突出。中国石化物资装备部发现，公司所属"易派客"工业品电商平台上，有一批现货熔喷布。作为口罩的核心材料，如果能将这批熔喷布迅速变为口罩，将是一件对公众大有裨益的好事。2月6日下午，中国石化官方微博发出寻求下游企业的口罩生产合作信息——"我有熔喷布，谁有口罩机"。

按照以往的合作周期，中国石化"易派客"平台发出一个意向到完成一个类似的合作，大约需要40天时间，但在疫情面前，没有那么多时间——结果，一则小小的微博广告，起到了意想不到的效果——1000多万人次点击、2.5万次转发；信息中留存的中国石化联系人"沈先生"的电话几乎被打爆，合作伙伴在3小时内基本锁定。第二天中午，中国石化宣布已与合

作伙伴对接完成11条口罩生产线，将立即进入设备安装程序。

深度用微信。围绕公司发展及生产中心，做好舆论宣传服务，是中国石化宣传工作的重要宗旨。企业重点工作往哪走，宣传的声音就跟到哪。助力企业生产，助力企业收获经济效益和社会效益，是中国石化新闻工作的一项重要尝试。

仍以打通口罩产业链为例，中国石化新闻办公室按照增产口罩要求，围绕"聚丙烯—熔喷料—熔喷布—口罩"产业链，持续通过微信公众号引导舆论，平抑物价，科普解读，增强信心。

83天来，口罩、口罩机、口罩生产原料、口罩生产线等话题，成为中国石化微信公众号持续发布的重要内容。"从石油到口罩"，发布相关文章30篇，为受众详细解读了口罩原料、口罩加工、口罩使用、口罩销售等各环节情况，持续鼓舞公众战疫信心。持续的宣传，使得口罩生产这一社会责任举动，成为中国石化的"跨界"标签。

感性发视频。随着5G时代到来，抢占信息高地，实现新闻传播全覆盖，让受众更直观、感性地体验新闻，深度参与新闻成为可能。

中国石化顺应融媒体趋势，利用视频平台，以云直播、云监工等新兴传播手段，自主策划和制作各类新闻产品，生动展现企业战疫动态。做到各渠道全面辐射，扩大受众群体，拓展传播覆盖面。

一是围绕公司战疫行动，不间断推出短视频。战"疫"83天，中国石化总部层面抖音、快手短视频发布497条，这些简短的视频，通过一线视角，让受众真实了解了中国石化战疫的方方面面工作,得到了大量点赞。

二是利用直播,借鉴"5000万人云监工火神山建设",以"云监工""电视直播"方式,传播燕山石化、仪征化纤熔喷布生产线情况。

其中,燕山石化熔喷无纺布生产线一次开车成功,中国石化首次尝试48小时慢直播。联合中国电信、央视频、快手、一直播,通过@国资小新平台组织开展了"学习火神山,半月建座厂"48小时慢直播活动,组织系统内5位网红主播和网友一起"云监工",累计1700余万人在线观看。

仪征化纤首条熔喷布生产线35天建成投产,则运用了电视直播+网络直播手段。2020年3月29日,扬州电视台对投产仪式进行了3小时电视直播,央视新闻客户端、央视频、快手、一直播、梨视频、我苏网、扬帆手机频道等10家新媒体平台,连续12小时云直播,在线累计观看人数突破2000万。

凭着敢于尝试的精神,中国石化以"云监工"直播、短视频形式,占领新兴舆论场,覆盖更多受众,收获了传统媒体不可比拟的传播效率与效果。

杨光民:

微博媒体属性强,相当于大喇叭,即时传播效果好;微信圈子属性比较强,相当于对讲机,深度沟通展示力度大;短视频感官属性强,相当于摄像头,瞬时视觉冲击到达见成效。

83天30篇10万+,16条短视频1000万+,新媒体这样做!

兴隆山下:

中石化的成功,除了传播的技巧之外,抓住受众"所需"其实是关键。在防疫物资紧缺的特殊背景下,正好抓住群众关心的"口罩生产",由其推出一系列新闻产品,收到了不错的传播效果。中石化的成功再次证明,热点要跟,而且要跟有硬核的内容。

日均一篇10万+！中国教育报官微运营有啥秘诀？

本文首发于2018年1月9日

作者：刘娟

日均一篇10万+，每天2—3次推送，推文原创率60%，产经媒体微信传播指数排名第一！中国行业报协会、传媒茶话会联合发布的《2017年中国产经媒体融合发展实践报告》显示，2017年，该微信公众号共推出10万+文章350篇。

这张令人羡慕的成绩单，属于中国教育报官方微信。

2017年12月24日，传媒茶话会独家对话中国教育报刊社全媒体中心移动内容部总监俞水，揭秘中国教育报微信内容运营秘诀。她指出了新媒体运营的4种思维、6个要诀、10个自问，以及3个思考。

4种思维

1.用户思维,真的要融入"骨血"

"'用户思维'这4个字似乎人人都在说,可我觉得说1万遍都不为过!光口头说还不够,最关键的是,要体现在内容生产的每一个环节中,体现在内容生产的流程与规范上,最终融入媒体人的骨血之中。"中国教育报刊社全媒体中心移动内容部总监俞水告诉传媒茶话会。

中国教育报微信的基因自带用户思维。从公众号诞生的第一天,定位就是不做《中国教育报》的电子版。《中国教育报》的核心用户是局长、校长等教育管理者;中国教育报微信的核心用户是教师、家长,并辐射教育管理者。《中国教育报》是纸质表达,中国教育报微信是移动端表达。报纸上发表过的文章若要在微信上推送,编辑往往都会大改,而这一切都是基于纸媒读者与移动端用户不同的用户需求。

"用户思维还体现在互动上。说起来容易,每一天都坚持难。"俞水说,团队每月都会由编辑轮流主持阅读数据与用户留言分析会。纸媒时代,一篇报道领导签完版,编辑的工作就结束了,而新媒体时代,文章发出去只意味着工作结束了一半,编辑需要迅速跟进、观察、分析、总结用户数据和留言,从而获得用户反馈,并将其作为内容改进的重要依据,带着这些思考,和用户一起投入新一轮的内容生产中。

2.服务思维,做的内容有用吗?

"传递的内容有用吗?内容能够衍生成服务产品吗?"俞

水告诉传媒茶话会,这是编辑每天都在自问的问题。思路对不对?勤互动!黏性强不强?做服务!内容本身要有用,才能称作内容服务。产品能够接受市场检验,才能称为服务产品。中国教育报微信公众号的"姐妹号"中国教育报好老师,开设了付费课程,邀请名师线上开设语音直播课,为教师提供知识服务,收益全部用于公益。

3. 专业思维,让行业成优势!

相对于人民日报、新华社这样的大口径媒体,行业媒体在规模和体量上不占优势,但在细分垂直领域,"专业"也许可以让行业媒体实现换道超车。

"如果说专业是行业纸媒的'传统'的话,那这个传统在转型中一定不能丢!"俞水告诉传媒茶话会,无论是选题、落点还是细节,行业领域的新媒体,要体现专业视角和深度。比如,党的十九大期间,几乎所有媒体都在解读党的十九大报告,中国教育报微信推出图文《各科老师怎么跟学生讲党的十九大报告?》,体现专业角度、专业深度,阅读量破百万,成为党的十九大期间现象级传播作品。

4. 导向思维,10万+和正能量并不矛盾

日均一篇10万+,还非常有正能量。这是如何做到的?

"明确自己的定位,在坚守正确的舆论导向基础上,进行新媒体内容的突破和探索。"俞水告诉传媒茶话会,事实证明,只要内容做得准、够专业,正能量和10万+不矛盾。

6个要诀

热、蹭、快、痛、新、抓，是俞水和她的团队总结出来的秘诀。

1. 热

"热点是带动阅读量的一个很好的切入点，新媒体要紧跟热点话题，虽然听起来并不高大上，但确实很有效。"俞水介绍，追求热点并不代表追求噱头，在一些话题上紧跟热点，甚至可以说是媒体的责任——2016年南京大屠杀国家公祭日，中国教育报微信公众号在当日连推两条图文，都迅速实现了10万+。

2. 快

"新闻在最有热度的时候，要尽可能抢速度。有的选题，相差一分钟阅读量甚至可能差上10万。"俞水告诉传媒茶话会。

3. 蹭

"当热点本身与行业没有密切关联的时候，就要思考如何蹭热点。"俞水表示，有一段时间，"保温杯"这个热词刷屏朋友圈。团队想到，因为用嗓多，在很多人的印象中，老师不就是那个每天拿着保温杯喝着胖大海的人吗？我们策划了《老师，愿你手握保温杯，归来仍是少年》的选题，聚焦教师的"初心"，阅读量迅速突破10万。

4. 痛

"戳到用户痛点才能引起共鸣，才能形成爆发式传播。"俞水反复强调，每一篇文章都要尽可能切到用户痛点，选题的落点要有痛点，大标题、小标题、内容指向都要落到痛点上。家长的痛点是什么？老师的痛点是什么？"我们的编辑自己总结出了用户痛点热词，这也是编辑们的小秘诀吧。"俞水向传媒茶话会表示。

5. 新

"每一篇文章，要么角度新，要么形式新，总有一个点要有新意。"俞水告诉传媒茶话会。比如，刘国梁卸任国乒总教练之际，中国教育报微信推出文章《如果像这个胖子那样当老师，看学生喜不喜欢》，迅速成为爆款。

在形式上，除了图文，中国教育报微信公众号还通过H5、音频、视频等形式进行创新，都获得了很好的传播效果。教师节期间和北师大合作推出改编歌曲——教师版《我喜欢》，让未来教师献声教师节，刷爆网络，仅微信传播的阅读量就达50万次。

6. 抓

"抓是指抓关键节点，重大节日、重大纪念日都是关键节点，是涨粉的关键时期。"移动内容的"头部效应"特别明显，绝大部分涨粉都是因为爆款文章，而关键节点的抓取就特别重要，这抓住的其实是用户的情绪需求。

2017年9月1日，中国教育报微信公众号迎来了"超燃"的一天。围绕开学第一课做文章，仅三条推送，阅读量就超过300万次、涨粉2万人，创下了单日阅读量、单篇阅读量和单日涨粉数的三项纪录。

10个自问

"我们的编辑团队，共同总结出了这样一套中国教育报微信公众号的内容流程：做每篇文章都依次给自己提出10个问题，可以说，这是团队的操作规范。"俞水说。

1.覆盖面广吗？在相对垂直的领域中，痛点越痛，覆盖面越广，越容易产生爆款文章。

2.用户指向明确吗？先问自己文章是给谁看的，用户不一样，内容指向就不一样。

3.内容够痛吗？下笔之前，首先要找到用户对这个话题的需求点，这就是痛点。

4.信息有用吗？如果是服务性选题，用户觉得大而空，那稿子就失败了。

5.专业性够吗？这是行业媒体安身立命之根本，有深度指向的稿子，要有思想的回响。

6.编辑自己读得下去吗？编辑作为第一读者，如果自己读不下去，那就改吧。

7.用词准确吗？遣词造句要斟酌，不能让不当的用词损伤了专业性。

8.多元化传播手段用够了吗？除了文字，能用视频表达就用视频，能用音频表达就用音频，能用图片表达就用图片。

9.标题吸引人吗？酒香也怕巷子深！新媒体时代，有时标题能影响50%的阅读量，甚至更多。

10.要不要进一步运营？根据选题特性和传播效果，判断是否需要多平台分发，实现传播运营。

3个思考

1.阅读量与引导力的关系

新媒体时代,往往阅读量为王,但是在对用户的"尊重"与"取悦"之间,度怎样把握?要实现一个主流媒体、专业媒体的引导力,这与阅读量的关系是什么?格调、品质与阅读量的关系又是什么?这些问题团队一直在思考。

2.快和慢的关系

新媒体时代需要完美主义吗?这是很多媒体转型者的内心纠结。对此,做过多年纸媒的俞水有过很多挣扎。她后来发现,不仅仅是内容推送上,也包括各种新鲜的探索上,小步快跑的勇于尝试应该是我们的一种转型追求。也许,新媒体时代的"完美"要通过快速迭代、不断调整来实现。当然,这是在方向准确的基础上,无论什么时候,都是方向比速度重要。

3.内容和运营的关系

内容运营者,这是中国教育报微信公众号编辑对自己的定位:策划—创作—传播—反馈—策划,这是一个闭环。新媒体内容编辑要有运营观,为用户负责、为传播效果负责。就仿若那3个最基本的哲学问题:我是谁(内容品质)?我从哪里来(用户视角)?我到哪里去(传播效果)?

这,也是用户思维的题中之义。

余敬中：

客户第一,为客户创造价值,一定会有回报的。所谓转型、融合,个中道理并非多么深刻,关键是干出来。知易行难,没有行的支撑,所谓知也是半解。

1.6亿点赞！西城男孩在微信视频号上大火！揭秘爆款密码！

本文首发于2021年12月19日
作者：李磊

2021年12月17日，那个曾用英文歌曲治愈、温暖中国几代人，陪伴很多人成长的"英语启蒙老师"西城男孩乐队"回来了"，并在视频号上大火！

由微信视频号直播的"所爱越山海"西城男孩全球线上演唱会，吸引了2792.6万人观看，喝彩达到1.6亿次。其中仅西城男孩视频号发布的《平凡之路》切条，截至2021年12月19日下午2点，已超过7200万播放，超过120万转发，318万点赞，仍在持续增加，并引发全网热议。

西城男孩乐队用中文演唱的《平凡之路》在朋友圈刷屏，外交部部长助理华春莹也关注了此事。她在推特（Twitter）上谈道,"喜欢的乐队,唱了喜欢的歌,开心"。

"初听是高三,再听已三高,我的青春。"这条在视频号上的留言,获得了58000多人的点赞。

这场在社交媒体上掀起的青春"回忆杀",有何爆款传播密码?媒体如何打造能"火"的视频号?

2021年12月18日,传媒茶话会对话中国传媒大学新闻学院教授、博士生导师沈浩,中山大学传播与设计学院教授、博士生导师张志安,中国传媒大学传媒艺术与文化研究中心执行主任、中国高校影视学会秘书长张国涛研究员,微信市场部负责人朱利群。

这不是一场偶然的"火"

西城男孩乐队在视频号上走红,在社交媒体上的刷屏,绝非偶然,背后折射的是音乐的力量,疫情之下焦虑情绪的集中释放,更是文化交流形式的创新,社交场景传播的胜利。

"这是具有现象级传播意义的爆款案例!"沈浩认为,在疫情之年,一支知名乐队的四位歌手,通过对经典中文歌曲的专业、精湛演绎,为观众奉上了一场跨越国界、民族的音乐盛宴,也是中华文化感召力的表现。

1. 音乐营造共鸣、共情

"音乐具有跨越国界、民族的力量,能够温暖人心,治愈焦虑。"张志安分析认为,西城男孩乐队具有全球影响力,通过社交媒体复出,举办线上演唱会,演唱中文歌曲,勾起了几代中国粉丝的怀旧情绪——对青春的回忆。

张国涛研究员看来,西城男孩乐队本身有知名度,有经典传唱的作品,在中国有海量的粉丝,且形象正面,本身就是一个IP,这一次通过优秀的音乐作品引发粉丝对青春的怀念,具有直抵人心的力量。

2. 疫情之下的集体情绪释放

西城男孩乐队的走红,也是疫情背景下群体焦虑情绪的集中释放。

正如张志安所言,疫情之下,社会各阶层都具有各自的焦虑与辛酸,西城男孩乐队用中文演唱《平凡之路》,引起了大众对追逐梦想、现实不易等情绪的观照,从而产生广泛的共鸣。

"青春和经历都在西城男孩演唱的这首《平凡之路》里蔓延……直至热泪盈眶。"

"今晚全程观看,感恩遇见,感恩青春,感恩生活。"

在《平凡之路》短视频下方,有网友如此评论。

3. 云端文化表达、交流新时尚

受疫情影响,国际文化交流阻隔,线上文化交流形式成为新选择。西城男孩乐队通过视频号,与中国网友线上"约会",是音乐传播、文化交流形式的创新。

作为对中国歌迷有着深厚情感的流行乐队,面对线下演唱会存在不确定性,西城男孩乐队通过移动互联网手段,来恢复和中国歌迷的交流。这样的诉求与微信打造国内外文化交流大事件的想法一拍即合。

朱利群告诉传媒茶话会，视频号希望借助强大的平台能力和创作者生态，成为文化交流的连接器。基于此，视频号策划了以"所爱越山海"为主题的流行巨星在线直播演唱会，首场邀请到了在中国具有广泛群众基础的西城男孩乐队，入驻视频号并举办线上直播演唱会，同时还特别为中国粉丝准备了中文歌曲《平凡之路》，取得了广泛的影响力。

西城男孩乐队用中文演唱的《平凡之路》，演唱会的多条预热视频，均实现了点赞、星标、转发"一键三连"的10万+；西城男孩多个相关话题登上微博热搜，其中，"中年人集体爷青回"话题在微博上阅读量达1.2亿人次。

张国涛评价，云端演唱会形式非常新颖，是一种新表达、新时尚，契合了微信用户主流人群的品位、需求。

张志安讲道，线上演唱会的开始时间恰好是北京时间的黄金时间；英国乐队唱中文歌曲拉近了与中国观众的距离；现场互动感很强，边聊边唱。这场现象级的传播离不开幕后团队的精心策划。

4.社交场景传播的胜利

西城男孩乐队的走红，一方面在于其本身大IP的爆发力，另一方面与视频号大平台所具有的传播力、链接能力密不可分。从预热到线上演唱会，再到《平凡之路》演唱，借助微信大平台的用户覆盖优势、社交裂变传播优势，西城男孩乐队的走红，实现了"大IP+大平台>N"的传播效果。

张志安告诉传媒茶话会，在无视频不传播、无直播不共情的社交媒体传播环境下，西城男孩乐队借助视频号平台在传播中具备的海量日活用户优势、裂变式的社交传播优势、强链接的圈层聚合优势，实现了"滚雪球"式的传播。

媒体如何打造能"火"的视频号？

在短视频传播形式日益深入人心，行业竞争越发激烈的情况下，2020年视频号作为后起之秀杀入短视频领域。经过近两年的发展，凭借社交关系、微信生态圈的强连接能力，如今，视频号已成为机构媒体、自媒体的标配。

传媒茶话会了解到，新京报、南方日报、河南广播电视台大象新闻、深圳卫视等媒体都已开通并深耕视频号，其中不乏爆款案例。

新京报我们视频号一条"修空调小哥爬上六楼救小女孩"的内容，获得了170万+点赞；一条"鱼肚暗藏塑料打包盒"的视频，最终播放量达到4300万+次；袁隆平送别仪式直播，有超过160万+人看过。

凭借在传统文化节目方面的创新能力，河南广电的春晚节目《唐宫夜宴》、端午节目《祈》在大象新闻视频号上走红、出圈。

深圳卫视深视新闻《光辉杰作》单条相关视频获4100万人次观看，孟晚舟回国直播突破100万人次观看。

此次西城男孩的走红，不仅验证了视频号在助力爆款传播上的实力，更深刻反映主流媒体入局视频号的必要性。

张志安认为，一些媒体在视频化转型上还存在犹豫，但是媒体内容生产视觉化是必备能力，也是必然趋势。

数据可以印证张志安的说法。《2021中国网络视听发展研究报告》显示，2020年网络视听用户规模继续增长，短视频使用率最高，为88.3%。在泛视听领域市场规模上，短视频占比最大、增长最快，同比增长57.5%。

张志安自己也是视频号运营的践行者，目前已更新了160多条。他结合媒体实际情况和自身实践为媒体运营视频号提出三点建议。

一是，视频号对版权要求高，为随意搬运、拼凑内容设置了门槛，更能凸显媒体原创能力优势；

二是，媒体要善于借助重要节点、重大题材与场景，策划媒介大事件，打造爆款案例，实现现象级传播；

三是，媒体需要转变传播理念，不要固守硬新闻内容创作，重构底层是娱乐、中层是消费、顶层是知识新闻的信息传播金字塔结构，要结合社交媒体场景，把准尺度，打造生活化、创意化的短视频内容，实现出圈。

张国涛认为，优质、能打动人心的内容，永远有价值。他建议媒体做视频号要有用户意识，对受众进行精准画像，摸准用户的喜好，从"我要传播什么"转变为"我为谁传播"。

据传媒茶话会了解，2021年12月7日微信视频号宣布启动视频号创作者激励计划，将持续投入流量扶持原创作者，帮助有价值的账号获得流量推荐、粉丝增长、加速成长，其中对象包括在社会大事件中起到积极正面宣传作用的各类媒体、政务账号，持续发布优质内容、快速跟进热点话题的媒体都有机会获得激励。

光芒：

就直播开演唱会or开创数字跨国服务贸易模式方面来讲，西城男孩并非喝"头啖汤"第一人。早前就有孙燕姿等歌手试水获利。我觉得西城男孩直播开唱这一案例再次充分说明了大家的怀旧情绪，怀旧的原因是版权保护，唱片工业不景气以及没有特别优秀的音乐作品和优质歌手出现，出现了"美图美脸多，好歌好嗓子少"的特殊情况。去年春晚大家跟着岳云鹏回味过去的经典音乐足以证明这一切。这也顺便说明了为什么怀旧音乐的抖音账号如此盛行，所以这次直播的策划方的商业嗅觉很灵敏。当然，这也充分说明"美图美颜"的娱乐影响力实际上是非常瞬时的，真正能产生长期影响力和变现价值的是好的音乐、影视作品。

daidai：

这场直播是视频号两年来最成功的一次营销，一下子把视频号的品牌形象拉高了，显得非常高端大气上档次。大家知道，西城男孩的粉丝是中国最有消费能力的群体，视频号把这部分人群激活了，对它往后发展非常有利。我们知道一个产品用户由高端往下走比起那些由低端往高走要更容易的~~这次成功破圈为视频号团队以后引入优质内容扫清了障碍，连全球顶流都来了，你还不来吗？？这场直播证明微信只要有优质内容，视频号随时都能引爆~因为全国的用户都在微信里面，微信只需要几行代码就能瞬间激活~~

这次直播成功的地方就在于微信其实只是提供一定的公域流量，让

1.6亿点赞!西城男孩在微信视频号上大火!揭秘爆款密码!

用户自发地转发去扩散,是典型的用户需求和产品能力实现的爆发增长,对比那些依赖平台中心化分发更有质量,这个案例也给很多视频号创作者一个启发,就是怎样做好视频号,简单地说就是带入自己的私域流量换取平台的公域流量。

公益短片也能拍出爆款？这家媒体的秘诀是什么？

本文首发于2022年5月10日
作者：叶莉

2022年3月29日，一条人物纪实短片《她改变的》在社交平台引发网友关注。7分钟左右的短片讲述了贵州省黔南州贵定县的大山里，"最美村医"罗海香在乡村坚守30余年，为妇女接生看病的感人故事。

网友评价道，"真的感动到我了""美丽的村医天使"……

值得注意的是，这并不是《中国妇女报》首次创作出爆款公益短片了。2021年三八妇女节之际，《中国妇女报》发布"性别不是边界　偏见才是"主题短片，同样登上微博热搜，引发无数网友共鸣。

《中国妇女报》是如何找到公益短片的爆款密码的？

传媒茶话会对话中国妇女报社（全国妇联网络信息传播中心）网络运营中心负责人谢威、中国广告协会会长张国华。

结合媒体定位，攫取真实、平凡之光

大多数公益短片给人印象并不深刻，往往看完即忘，更不用说感动受众。

但是3月底，一条人物纪实短片《她改变的》却催泪了很多网友，并引发公众对女村医的关注。

短片故事真实而简单——贵州省黔南州贵定县云雾镇摆谷村的女村医罗海香，从17岁开始做村医，36年走遍了全村13个寨子，一个人对抗着村寨传统落后的生育观念和分娩方式，将新法接生、计划免疫和科学孕育观念一步一步传递给乡亲们，改变了村寨妇女的生育命运。

可能有人会问，拍公益短片，不选艺人、关键意见领袖（KOL）、名人，会有传播量，会引起关注吗？更何况全国村医有74.7万余名，肯定有比罗海香更典型、更辛苦的村医，《她改变的》为何选中穿梭在莽莽群山中的一个女人？

"一开始，我们找到了几十位村医，他们每一个人都为我

们国家的乡村医疗建设做出了突出的贡献。最后,之所以选择了罗海香医生,是因为我们发现她的故事和女性的生命、使命、命运三个关键词紧密相关。她在贵州省贵定县摆谷村默默坚守36年,陪产了全村两代人,保障了三代人的身体健康。"谢威告诉传媒茶话会。

虽然罗海香身上没有名人光环,但胜在真实。人物真实,这个女人不信命,为了改变摆谷村落后的生育观念,改变当地妇女的命运,她日复一日走遍村寨,默默坚持了36年。故事真实,曾经历过生育苦楚的罗福群、当年因生产第三胎大出血死去的孕妇、那个敢请罗海香接生的厉害妇女高廷花……每个故事都是真实发生,充满真情实感。

同时,罗海香又是平凡的,她身边的人也是平凡的,这在无形中拉近了公众与罗海香的距离,更能亲近理解罗海香,更能接受短片中传达的价值观。

能挖掘到罗海香这样的女村医并非偶然,这与《中国妇女报》的定位有很大关系。

作为全国妇联的机关报,《中国妇女报》的宗旨是促进妇女进步、发展与解放,积极维护妇女儿童的合法权益。一直以来,《中国妇女报》都关注男女平等、妇幼健康等话题,也在积极响应、践行党和国家的乡村振兴战略。所以,罗海香这位改变了三代妇女生育命运的女村医便成为见证乡村医疗改善的重要切口。

谢威回忆,为了深入了解罗海香,报社曾派出两名记者深入贵州深山,采访了整整一周。不仅与罗海香进行了深度沟通，还走访了最初接受罗海香接生救治的数位村民，深入挖掘罗海香36年来坚持行医的故事。从2021年8月开始，《中国妇女报》联合内容媒体新世相和中国品牌全棉时代花了近8个月的时间，终于打磨出《她改变的》这条短片。

张国华表示，《她改变的》从女村医罗海香的微小视角来呈现边远山区妇女事业的进步与发展，来传播乡村医生的良善之举，来传递科学的妇幼健康知识，这类理念的公益短片值得鼓励和提倡。

找准共鸣，颠覆程式化策划

"片子虽短，但细节丰富，故事虽不惊天动地，但让我们看到了平凡生活里的光""听到'不信命'的时候真的热泪盈眶，妇女报带来的这部片子真的很给人勇气""36年平凡坚守，小小的身躯，撑起生命的重量"……

相比其他公益短片程式化的内容策划和印象平平的观感而言，《她改变的》短片一上线，就凭借真实细腻的故事催泪无数网友，还上了两次微博热搜。

上线24小时后，短片全网播放量超2000万次，相关话题阅读超1.6亿次，并受到包括多地共青团官方微博、《公益时报》官方微博、强国论坛官方微博、《三联生活周刊》等300多家媒体的跟进报道。

实际上，这并不是《中国妇女报》第一次创作出这样的爆款内容。2021年的三八妇女节，《中国妇女报》联合珀莱雅发起"性别不是边界　偏见才是"主题活动，并发布同名短片，也同样引发了众多网友共鸣，当天点击量达473万次，并潜移默化地引导公众打破性别偏见，别用性别去评价优秀。

《中国妇女报》是如何找到爆款密码的？

以《她改变的》为例，张国华分析道，首先，短片的主题层次丰富。罗海香的行医故事，不仅反映了摆谷村落后的生育观念的改变，也反映了摆谷村产妇、新生儿生存率的提高，生活质量的改善，还提升了村民对现代医疗的科学认知。

其次，短片的切入点小而精。以罗海香为一个个妇女接生的真实故事为切口，以小见大，既体现三代妇女女性意识的觉醒，又展现了脱贫攻坚、乡村振兴的成果和进展，反映了时代和社会的进步。

再次，摄影的画面清新而美丽。从山村的俯瞰远景到村民的生活近景，再到新生儿、罗海香的特写镜头，青翠山色之间融合着孕妇、新生儿房间内的温暖色调，以及照耀在孩子们身上的阳光，让整个短片呈现出一种质朴又清新的感觉。

最后，短片的立意高。罗海香的故事虽然平凡，但她作为村医切实改变了很多人的命运和生活，并且间接改变了几代妇女的精神面貌。而且摆谷村的故事也成为改革开放后乡村医疗条件和观念改变的一个时代缩影。

此外，通过热门话题契合公众的心理也是《中国妇女报》的爆款秘诀之一。无论是"性别不是边界　偏见才是"主题短片，还是《她改变的》，短片的主题都高度符合《中国妇女报》的定位，同时也契合公众对妇女进步和发展、女性权益的话题关注，能让公众从中找到话题点，易引起共鸣。

多方参与，严把内容与价值导向

媒体做公益传播不是孤立的，公益传播的目的在于影响和发动更多社会组织和公众参与到公益行动中来，营造一个良好的公益氛围。

相对而言，媒体的优势就在于平台和资源。一方面，媒体要通过自身的优质内容、渠道和品牌影响力做好公益内容的打磨和传播，严格把关内容的价值导向。

此次，《中国妇女报》在参与制作《她改变的》短片时，不仅深度参与了内容创意策划和价值方向上的把控，而且派出记者深入摆谷村采访、拍摄，细心打磨内容。同时，短片上线当天，在报纸上同步推出整版文字报道《深山女人的守护者》，在微信公众号上发布推文《她改变的》，在微博上发起"女性的力量可以有多大""女村医36年守护13个村寨"等话题，多渠道讲述罗海香的故事，形成立体传播和影响，让公众对女村医的力量与坚强有更深入的了解。

《她改变的》是中国妇女报社拟成立的"中国故事女主角"融媒体工作室的探索作品之一，该工作室是报社媒体深度融合发展的一个重要布局。据谢威介绍，"报社社长兼总编辑孙钱斌一直在推动以融媒体工作室方式讲好中国故事，并把时代女性定位为中国故事女主角，而人物短视频是目前最主要的产品形态"。

谢威表示:"该工作室是报社推动媒体深度融合发展的一个重要平台,旨在打破'部门墙',将各部门善于制作新媒体产品的年轻人集合在一起,共同策划,共同实施,激发年轻人的活力和创造力。未来,我们将继续秉持精益求精的态度,以匠人的心态去反复打磨每一个产品、内容,力争多出精品,讲好新时代的中国女性故事,使其成为《中国妇女报》融媒体建设的重要抓手。"

另一方面,媒体也要调动自身资源,多联合权威公益组织、爱心企业形成优势互补。

2021年11月,《中国妇女报》就曾联合内容媒体新世相、国货品牌HBN,走进西藏芒康地区,拍摄短片《与光同行的她们》,讲述当地千年传承的采盐历史及采盐女们的故事,并在报纸上发表全版深度报道,将藏族采盐女这一群体带入大众视线。

而在《她改变的》公益项目中,《中国妇女报》作为纽带联结了中国妇女发展基金会、贵州省妇女儿童发展基金会、黔南州妇联、黔南州贵定县委等机构,将各方资源团结在一起,让更多爱心力量关注到基层医疗和乡村医生。并同爱心企业发起"一朵棉花的力量"公益计划,携手中国妇女发展基金会、

品牌代言人郭晶晶工作室为贵州偏远地区的妇女儿童提供待产包、棉尿裤、卫生巾等生活物资。

多方联动,既能发挥媒体的传播优势,让公益传播效果最大化,也能集多方之力,解决媒体做公益项目资金不足的问题,从而实现社会效益和经济效益统一。

需注意的是,媒体参与到公益项目中,最基本的原则是传递正确的价值观。在大的价值观确定后,认真选择合作对象,并以日常的传播内容、报道人物的积累作为主要传播点,细细打磨,才能把内容做成适于传播的精品。

这些海报刷爆朋友圈！媒体成立海报工作室有啥用？

本文首发于2021年8月25日
作者：陈莹

如今，各类媒体、机构都在做海报，甚至一家媒体内部有多个部门制作海报，有的媒体还专门成立了海报团队、工作室。

媒体为什么这么重视海报？海报团队作用几何？怎样才能做出好海报？

2021年8月中旬，传媒茶话会对话"新华社创意海报突击队"团队，澎湃新闻交互设计部总监赵冠群，新京报设计部主编许英剑、体育新闻部主编包宏广，封面新闻总编辑助理兼内容平台部总监余行。

媒体有必要成立海报团队吗？

2021年8月，河南又成暴雨中心，犹记得郑州"7·20"特大暴雨时，这张海报刷爆社交网络，网友们纷纷转发为河南加油。

再如，2020年新冠疫情缓解后的这组"武汉32张海报致谢各地医疗队"海报，将武汉的感激、感谢、感动之情融入海报中，引发全国网友共鸣、自发传播。

突发新闻、重大事件、重要时间节点……海报成为传达情感的重要方式,往往也是媒体跟进新闻事件的落脚点。

"抗疫期间,海报凭借视觉冲击力强、涵盖信息量大、分享便捷等优势,得到了广大受众的好评,是真正的'短平快'。"新华社创意海报突击队策划陈子夏表示,意识到这一点后,迅速调整思路,让原先在融合稿件中常担任"配菜"角色的海报逐渐进化为抗疫新闻报道中不可缺少的"硬菜"。

就这样,这支在2020年抗疫报道期间跨处室、跨工种搭起来的队伍"进化"成为工作室——"新华社创意海报突击队"。

同一时期,澎湃新闻海报工作室也成立了。

2021年上半年粤港澳大湾区报道中,在对钟南山院士的短暂采访后,澎湃新闻有感而发,编辑、摄影师、设计师高效合作,仅用13分钟,就制作出了精美的现场海报。

赵冠群介绍说,2014年澎湃新闻上线初期,海报主要用于品牌形象推广、产品功能迭代和假期庆典;2016—2019年间,澎湃新闻的海报年产量从100多张增长至318张;直至2020年,新冠疫情刺激了澎湃海报的爆炸式增长,澎湃海报工作室正式成立。

传媒茶话会了解到,目前,封面新闻、四川观察、赣南日报、巴彦淖尔日报等媒体也设置了海报团队、工作室。媒体为什么重视海报?媒体有必要成立海报工作室吗?

1.传播主流声音

新华社创意海报突击队监制于卫亚表示,2021年新冠疫情发生以来,新媒体舆论场信息呈爆发式增长,但也混杂众多杂声和谣言。"中央主流媒体既要抢先时效发布权威信息，以正视听；又要通过接地气的表达方式增强内容亲和力，不断扩大影响。"在这样的背景下，海报成为最主要的新闻产品。

2.信息降噪

在赵冠群看来，当用户被海量信息淹没，媒体需要思考如何为用户在海量新闻中"划重点"。

传播降噪成为刚需，新闻产品是否简洁有力，关系到用户的去留。"轻质化的新闻海报捕捉当下的社会热点，又结合新闻与设计，直观、高效与社交属性强，适用于当下移动互联网的发展趋势，迅速发展成互联网新闻报道方式的大闭环中的前沿一环。"

3.传递媒体情绪，发挥传播优势

一张海报，通过色彩的对比、有冲击力的现场画面或生动鲜活的手绘设计，再搭配有意思的文案和有张力的排版，能迅速吸引读者眼球，并在第一时间传达重要信息，同时也表达了鲜明的立场态度或情绪，引起读者共鸣。

"体量轻、承载大、变化多、传播易，是海报的显著优势。"陈子夏总结道。

"海报的作用就是方便朋友圈传播、微博传播等，充分发挥视觉传播优势。"许英剑一语道破。

在封面新闻，做海报目的就是对内容和产品进行有效宣传。余行介绍说，封面新闻海报主要通过两种渠道发布，朋友圈分享、客户端稿件配图。

以不久前结束的东京奥运会为例，新京报体育新闻部的海报绝大多数限于中国金牌选手。"我们的目的，就是快速地用于网络传播，突出新京报品牌效应。"包宏广如是说。

4. 提升视觉表达，凸显媒体审美

"海报就是新时代的号外。"余行抛出了观点，"报纸时代突发新闻用发号外的方式传播，海报就是当代媒体跟进重要新闻的方式。第一时间发出的海报，既能吸引受众观看，也体现出封面新闻的新闻导向和审美。"

余行认为，海报的视觉呈现日益重要，不仅能够吸引用户感官，也能够提升媒体的审美能力。"海报对媒体来说是非常重要的载体，机构媒体都应该有海报专业团队，也许不是独立团队或专职员工，但要有美术设计团队，越好的媒体海报团队越强。"

如何配置海报团队、团队怎样运行？

为了把"配菜"做成"硬菜"，各媒体在海报团队配置方面的做法不尽相同。

"澎湃新闻交互设计部有4位视觉设计师及3位UI设计师，都是从各大美院毕业。4位视觉设计师是海报设计固定班底，根据项目与编辑部灵活组合。流程上紧跟内容需求、创意前置。"赵冠群介绍说，去年澎湃新闻一共做了1020张海报。

再看新华社创意海报突击队，核心团队由监制于卫亚、策划陈子夏、设计潘红宇和赵丹阳、技术雷雯雯组成，团队同时与全国多所美术院校形成合作机制。

团队核心成员都有自己的本职工作，于卫亚同时也是新华社新媒体中心融媒体部主任、新华社微信公众号负责人、新华

社社交媒体平台负责人。

封面新闻的海报,由内容侧的视觉创意部和技术侧的设计部两个部门生产,两个团队各有10人左右。"前者以美术设计师、美编组成,侧重新闻事件、突发事件的海报生产。后者主要负责客户端UI设计、交互设计等工作,也承担产品海报、品宣海报等工作。"

在封面新闻,生产海报有两种操作方式。一种是针对重大事件,由编辑发起海报策划申请,再由相关部门设计完成。另一种是海报部门主动策划海报,如重大主题、时间节点等。

2020年,封面新闻视觉创意部生产了2000张海报。

许英剑向传媒茶话会介绍说,新京报的海报主要由设计部美术编辑负责,共有7人,包括版式设计美编3人、制图美编4人。

值得关注的是,随着媒体对海报重视程度的提升,对人才、技术、团队的需求也水涨船高。

比如新华社创意海报突击队,团队所在部门新华社新媒体中心出台了一套创新激励机制,并在设备硬件等方面给予大力支持。

余行分享说,海报设计团队成本除了人员工资外,还包含了专业设计软硬件的购买、学习培训费用等。"对视觉创意部的海报工作考核,既考核海报数量、质量,也考核海报传播效果。具体方式由团队总监每月进行动态设定,编委会通过后执行。"

可喜的是,通过承接外部海报设计项目、海报冠名等方式，海报已经能够给封面新闻带来一定收益。

做好海报的 4 个要点

每年生产上千张海报，各媒体有哪些秘诀？总结访谈嘉宾观点，传媒茶话会归纳出做好海报的 4 个要点。

1. 把握"时、度、效"核心原则

"做美术设计、视觉海报设计，首先要是一个新闻人、媒体人，其次才是设计师。"赵冠群介绍说，海报设计需以"时、度、效"为核心考量。

一是把握新闻时效，敏捷快速反应；二是精准共情捕捉，有温度沟通；三是凸显新闻主题，注重主次表达；四是视觉契合主题，各种美学风格灵活运用。

"海报完成的时效性和质量要求、紧急程度有直接关系，常规海报要求 3—5 小时完成，重点海报半小时完成。"余行表示。

2. 主题鲜明，关键要素不能含糊

"海报最重要的视觉元素是图片和文字，这二者缺一不可。"许英剑直言，图片精彩而标题文字设计平淡或者是文案有表述不准确等问题就不是好海报；标题文案精彩而图片不佳，也不是好海报。

比如，新京报系列夺金奥运海报设计突出"第几金、谁拿了、什么项目、什么成绩"这 4 个关键元素，而奥运会 LOGO、比赛日期、新京报 LOGO、推广二维码等是次要元素。

3.视觉冲击力强、层次感分明

"海报要吸引人,首先视觉冲击力要强,其次要独特新颖。"包宏广分析说,新京报东京奥运会系列海报打破常规,先在色彩上做文章,有了别具一格让人眼前一亮的底色,另一个视觉冲击就是数字——中国军团第几金,这是绝大多数体育迷关心的信息,所以,把数字放大,让其占据海报最核心的位置。

余行特别强调,海报文案不能直接用新闻标题,文案必须短小精悍、重点突出。

当然,设计海报时各元素间也可以大量留白,留白不仅可以显著提升视觉冲击,也提高了可读性,同时也能够使信息的传达更加层次分明。

新华社创意海报突击队设计师潘红宇认为,当海报需要传达的信息量较多时,海报文字应按照信息的重要性,在文字大小、粗细、版式、色彩上做好层级梳理,让读者在第一时间看到最重要的信息,并通过视觉引导依次看到辅助信息。

以上图为例，读者在第一时间看到的是最重要的警示文字"不能松劲"，然后依次看到补充信息确诊病例数字、确诊时间等，虽然整张海报文字不少，但是阅读起来并不费力。"这就是文字类海报的优势。"潘红宇说道。

4. 好创意出彩、海报风格尽量统一

设计系列海报时，画面风格尽量统一，包括色调、版式、内容、元素、类型等。

以新华社创意海报突击队2020年国庆中秋双节推出的"月兔"日历海报为例，每天发布的标题都以"今日宜＿＿＿"统一格式，一是借鉴老皇历玩了回"复古"，二是用满满的悬念吸引读者的好奇心和点击欲。

正如陈子夏所说，好海报的精髓是能做到"一图胜千言"。

在以手机端为主流阅读载体的今天，海报产品能够让受众"在一屏之内读到一切信息"，相对于长文字和视频，大大节省了阅读所需付出的时间，既有"快餐的速度"，又有"正餐的内涵"。

传统媒体人如何做公众号？"牛弹琴"这样说！

本文首发于2019年12月3日
作者：宋婧

"最睿智地解读国际风云、财经要闻，传播正能量"，这是"牛弹琴"的初心。

不知道的人也许会以为，这是一个讲国际时事还挺有趣的草根公众号。知道的人知道，这是一位资深媒体人，在用自己的眼睛看世界，讲故事。

传媒茶话会独家对话"牛弹琴"微信公众号创始人，给大家带来"牛弹琴"公众号写作运维背后那些鲜为人知的故事。

为什么要办"牛弹琴"这个公众号？

牛弹琴：这个问题，其实好多朋友也问过，为什么要取这个名字，听上去有点怪怪的，这跟当时的心态有关，要好玩嘛，也是某种自嘲。

我当时从美国当常驻记者回来，正好赶上新媒体蓬勃发展。当时有一种说法，所谓一些传统媒体的新媒体，基本都是一两个岁数挺资深的领导，指挥几个不太年轻的编辑，去编东西给小年轻看。所以，办不好也正常。

这当然只是嘲讽，有些也不是这样的，但在那个时候，不少媒体，包括不少知名大媒体的微信公众号，确实也差不多，自娱自乐，点击量也很少，有的只有几百，真的挺寒碜的。

所谓"实践是检验真理的唯一标准"，当时我就想，既然现在都那么重视新媒体，而且我本身就是一个文字工作者，为什么不自己直接下大海闯荡试验呢。索性，我开一个微信公众号，从实践中摸索，也积累一些经验和教训。

当时也按要求报备了，领导们都很鼓励，还打趣要我勇敢闯。我自己开玩笑，争取不死在沙滩上。其实，心里也是有一些不服气的。为什么呢？因为我们本身就从事文字工作，我们为什么就不能直接面对受众，看看我们作为传统媒体的记者编辑，有没有能力站在新媒体的舞台上，不借助单位的名气和地位，看看会写出什么样的效果。

1. "牛弹琴"从 0 到 10 万+走了多长的路？

牛弹琴：坦率地说，刚开始，也是有一些落差的。以前给单位写稿子，往往一写出来后，很多媒体会转载引用，网上百度一大堆，心里多少有一点成就感。但写牛弹琴，一开始，读者也不知道你是哪根葱，我也从来不亮明自己的单位身份，点击量是相当有限的。

但越是这样，越不服气。难道传统媒体的一个老编辑出来做新媒体，做出10万+这么难吗？在这个过程当中，也是上下摸索。

比如研究标题的变化，什么样的标题更好？怎样写才能更灵动？怎样更有深度和内涵？怎样别人才会转？

看似很简单，但也都是学问，然后慢慢就有变化了。比如，文风要有所变化，至少更灵动、轻松、活泼一些，当然，能幽默就更好了。

还有，就是迅速做出反应。微信一般一天只能发一次稿，当重大事件出来时，反应快就很占先机了，如果文章还不错，就可迅速得到广泛传播。

在摸索的进程中，突然有一天，一篇文章就10万+了。然后，不断总结规律，现在10万+很多，表面上看好像有点容易，但实际上也是甘苦自知。

现在，我也是两种方式发稿，如果写专栏、写报道，还是那种比较正规严谨的文字，讲究起承转合和逻辑性；发微信，则天马行空一点，我自嘲是口水文章、意识流。

有人说我现在是左右互搏，我认为没这个本事，就跟以前的人写文言文和白话文一样，我不过是两种写法而已。但这也提醒我，为什么很多传统机构新媒体不行，你把报刊上的文章直接搬到微信上，也不做一些调整，这怎么能行？但这样的情况，在微信上还比比皆是。

2. 路程坎坷，但经验颇多。您总结的新媒体传播规律可愿与赶路人一道分享？

牛弹琴：新媒体传播，有它自己的一些规律，我总觉得，只要掌握好规律，哪怕是刚刚入职的同行，也能很快在新媒体工作中取得很好的表现。

比如标题，可能文章成功的一半，来源于标题。在新媒体时代，标题基本都是折叠的，下面内容再精彩，标题不打动人，没有让人阅读的欲望，再好的内容也无法传播。做标题有一些讲究，如果标题很啰唆，大家就没兴趣阅读了。如果我们把标题做得很灵动，点到不说破，留一点韵味，可能就更有传播性。

举个例子，比如说像"刚刚，沙特王储被废了"，这个现象级的微信传播案例，其实就是我和几个小伙伴做的，这也被很多朋友称为"刚刚体"。"刚刚体"看似偶然，实则也是必然。

很多人问我为什么要用"刚刚"？其实，用"快讯"替代"刚刚"，就不行吗？肯定可以的，但新媒体在很大程度上是一种口语化的传播，"刚刚"更自然、直接，也有某种贴近感，更有助于新媒体的传播。

就好比朋友间聊天，谈起一件大事，一般都不会说"快讯，有这么一件大事……"而会说"刚刚，有这么一件大事……"

还有，我们过去一年，和小伙伴推出了"一字标题"（不是在"牛弹琴"），标题就一个字，从甲骨文、金文里的字形说起，一直说到唐诗宋词元曲里的这个字，最后谈这个字在当今独特的内涵。

很有意思的一个系列，100多篇了吧。上级领导部门多次表扬这种创新，觉得很有品位。

一些企业也纷纷找过来合作，要求为他们量身定做一个字，30万一个字，现在还都必须排队。当然，采编经营两分开，但一个创新产品，既有社会效益，还有经济效益，在我们这里，比比皆是。

别看一两个词语的选择，有的时候，我可以很清楚地判断，你主要是从事传统媒体，还是新媒体写作。不同的氛围有微妙的不同，有时会起到四两拨千斤的效果。

当然，有一点必须要说的，不能是标题党。可以创新，但不能为了点击量而点击量，然后各种"标题党"，标题党肯定会提高点击量，但这无异于饮鸩止渴，必然会造成品位缺失，甚至带来严重负面效果。

内容，说起来话就长了。我一直认为是内容为王，但内容绝对不仅仅有文字，还包括图片、图表、视频、排版等。

每个人都有每个人的叙述风格，但好的叙述方式，肯定不能平铺直叙，这跟说相声一样，相声每隔一段时间，你得抖个包袱，不断地提升大家的阅读兴趣。读完了之后还能有所思考，很多好的新媒体文章，其实正是这样子的。

简单总结一下：

不要一本正经，要轻快幽默。

不要平铺直叙，要娓娓道来。

不要做转述者，要做讲述者。

其实就是一个字——动，动脚、动眼、动脑、动笔。

这些经验，很多就来自我在"牛弹琴"的实践。指挥大家去做，和自己去做，感觉还是不大一样的。然后，这些经验运用到工作中去，也都取得了不错的效果。

3. 您之前说到要表达幽默，您是个幽默的人吗？"牛弹琴"在严肃时政媒体万军之中如何成为诙谐自在的轻骑先锋的？

牛弹琴：这其实也是一个很艰难的转型过程。坦率地说，我不是一个很幽默的人。

但我们看演讲，一般好的演讲，往往都有很幽默的内容。其实，新媒体文章也是这样。

我们毕竟不是做严肃新闻报道，当然，该沉重的时候沉重，该严肃的时候必须严肃，需要一锤定音的时候就必须亮出坚决的态度。

但更多时候，生活已经够沉重了，我们不如轻松一些。这个世界，其实很精彩的，喜怒哀乐，有怒有爱，更有喜有乐。换一个角度看，我们生活在最幸福的时代，有什么理由不以更开放、更轻松、更自信的角度去看待这个世界。

同时，新媒体本身就是一种"轻"的传播，幽默的表达，更适合这个气场。还是拿"刚刚，沙特王储被废了"做例子，如果我们一本正经地回复，而不是很轻松、很接地气地和读者打成一片，这也不可能成为一个现象级的传播。

所以，心态要转变。

别以为你多了不起，最了不起的是群众，是受众。如果我们高高在上，表达不接地气，那就肯定得不到受众的认同，就过不了互联网这一关。但如果我们转变一下，和受众打成一片，从他们的角度多去思考问题，多去报道相关问题，那受众会很惊奇："原来你是这样的一个媒体！"原来他们接触的，不是冷冰冰的机器，而是有血有肉的编辑。

长此以往，会形成一种很好的人设，传播力、引导力、影响力、公信力，肯定也就有了。

4. 2014年，"牛弹琴"发了一篇文章，当时被抄袭，被洗稿，被改得面目全非，特别愤怒。现在，"牛弹琴"如何看待版权问题？

牛弹琴：版权问题，在新媒体领域是共通的问题。经常可以看到，自己的文章，被一些网站转载，也没有注明来源，甚至来源是一个我不认识的名字。这是侵权啊，真是让人叹气。

更让人叹气的，有些文章被改头换面，变成"标题党"，把整个意思都弄拧了。别人以为是"牛弹琴"的，但实际上跟"牛弹琴"一点关系都没有。这有时真让人愤怒，抄也要有个抄的基本准则不是嘛，有些人，把良心都抄没了。

当然，这有一个过程。以前，微信没有原创保护，记得有一年，有一篇文章被某中央媒体微信全文转载了，至少几百万的点击量吧。让我很惊讶的是，该新媒体竟然没标文章的来源，以至于后来铺天盖地的转载文章，都说文章来源于该新媒体，跟"牛弹琴"没有一丝一毫关系。

后来该新媒体的负责人跟我说，他也很讶异，为什么编辑连来源都不标一下。后来他们的小编告诉他：觉得"牛弹琴"这个名字不严肃，所以就去掉了。这是哪儿跟哪儿啊！

因为文章里面用了一个调侃性的词语"万邦来朝"，后来围绕着这个词，还闹起了笔墨官司，不少文章批评这家中央媒体胡乱用词。我跟对方开玩笑："你们活该，谁叫你们不注明来源。"当然，大家以后都是很好的朋友，很多中央媒体的新媒体运营，都有独到之处，都有值得我学习的地方。

现在，微信也有了原创保护。我们在知识产权问题上，进步也是显著的。当然，我还是要说，有些人喜欢洗稿，但洗稿也要有洗稿的基本规范，你们洗我的稿子，也算是看得起我，但还是要尊重事实，别洗错了事实，歪曲了内容，让别人背锅，做人还是要讲良心的。

5. "牛弹琴"作为您的个人公众号，在工作之余进行创作，您是如何安排时间的呢？

牛弹琴：你们基本上可以看到，我每次发稿都在早上，一般来说是7点钟左右，因为只有早上的时间属于自己。

毕竟还有单位的一摊工作，我也自觉要避嫌。我现在一般5点起床，在7点左右上班前写完。其实很多内容大家一看，也知道都是刚写的，因为这个新闻事件还"热乎着"呢，然后去上班。

最后一趟班车是7点05分，赶不上就得坐一个钟头的地铁了。所以，我早上都是高度紧张的，快一点，半个钟头、一个钟头写完，再慢不能突破这个"生死线"啊。往往一看班车时间快到了，没办法，原来还想长篇大论的，必须长话短说；原来想讲十点的，最多也就只能讲三点了。

还有一个，我很惭愧的地方。因为写得快，别字、错句就多，有时候很难为情的，写出这种口水文章来，基本功不行啊。后来脸皮也厚了，我提供的主要是思维、思想，文字错误，大家也会谅解的。

从这个角度看，第一，做新媒体的人，脸皮必须厚；第二，做新媒体的人，还要有应变的能力；第三，最重要的，新闻系的学生也别为工作发愁，没有编辑把关，你看文章就能发现各种各样的错误，编辑的工作还是不可或缺的！

6. "牛弹琴"几乎见证着北京每一天的日出，不觉得累吗？

牛弹琴：唉，老母鸡钻栅栏——进退两难。做吧，确实有点牵扯精力；不做吧，确实太可惜。

我也非常感谢很多领导、师长、朋友，还有自己的家人，他们对我的支持和鼓励，当然，也有犯错误的时候，他们严厉的鞭策和批评，这种批评，我更是非常感激。没有这些鞭策和批评，"牛弹琴"就走不到现在。

当然，退一步说，码字确实有点苦，但这不是我最苦的时候。最苦最累的时候，是我驻外的时候，尤其是在驻耶路撒冷和华盛顿的时候。

每天，各种各样忙不完的工作。我在耶路撒冷工作的时候，正是巴以冲突最激烈的时候，三天两头爆炸，有时候在家里听到"哐当"一声，肯定又自杀式爆炸了，走出去一看，就是血肉模糊的场景。刚开始还各种恶心、不适应，后来也就有点麻木了。有一次，正在理发呢，剪到一半，爆炸了，赶紧飞奔去采访报道了……

2006年到了美国以为会好一点了，哪知道2008年正好赶上国际金融危机，三天两头各种崩盘，美国各种紧急救市，忙得不可开交。

而且,作为驻外记者,我们要写中英文,中文要写快讯、简讯、详讯、综述、新闻分析、评论、特写,英文还有更多的滚动,往往写到你看着电脑,就像看着前世的冤家。

那是真苦,所有记者中,毫不夸张,最辛苦的就是新华社的记者了。当时我们特别羡慕报纸记者,报纸有版面啊,你写太多也没那么多版面,过了截稿时间就也不用忙了。哪像新华社,没有版面的限制,没有发稿时间的限制,你就是一个发稿机器。

所以说,新华社是最有新媒体基因的;所以,我相信,新华社办好新媒体是不用有任何怀疑的。

7. 以前别人不知道,觉得"牛弹琴"就是个草根公众号;如今很多人知道了,"牛弹琴"的主笔系主流媒体出身。领导也开始重视,读者也开始关注,会不会有压力呢?

牛弹琴:坦率地说,有时候压力山大。

曾经想过不做了,我也轻松轻松。

但有领导就批评,你这样不做了,太可惜,那么多乱糟糟的信息就更有市场了。与其这样,不如让更准确的事实、让更正能量的表达来占领市场,也是为营造风清气正的网络环境做出自己的一点微末贡献。

我特别感谢各级领导的宽容和鼓励,没有这种宽容和鼓励,我就不敢去做;但更感谢鞭策和批评,没有这种鞭策和批评,我就不知道怎么才能做得更好。

随着"牛弹琴"影响的增大,我也深刻地反省,它既是我的声音，仍旧要真诚，要接地气；但它也不仅仅是我的声音，毕竟也有不少的粉丝，绝对不能信口开河，更要有坚守，有良知，传递好正能量。

8.曾有人说："一天不读书，自己知道；三天不读书，好友知道；一个月不读书，大家都知道了。"写东西，肚子里要有墨水。如何保证自己一直有知识的给养？

牛弹琴：所以说，现在不少网友都知道我不读书了。牛弹琴的文章越写越有套路化的"气质"，当然有些套路化是故意的，比如说三个观点，这本身就是自己的一种风格。

当然，也并不是每次都是这样子，有时也会换一下"套路"。换了，大家还不适应了，纷纷给我差评。工作、生活、人生的一大无奈，就是时间总是被压缩得支离破碎。读书的时间越来越少，这也是我很惭愧的地方。"牛弹琴"要做得更好，还是需要多读书，读好书，多学习，学无止境。

真的，我特别感谢网友们的宽容、支持、鼓励，甚至一些调侃。很多网友就主动表示：要替我数数错别字……

当然，我也很感谢现在腾讯的纠错机制，原来不能纠错，后来能改3个字，现在能改20个字，一般情况下，我错别字再多，也不会超过20个。所以，后来我发明了一种办法，就是发完文章之后，10分钟之内肯定有网友就把所有的错别字全部指出来了，那我就一次性迅速地改掉……

9.关于"牛弹琴"的未来，您有没有给自己定个什么小目标？

牛弹琴：谈不上小目标，说几点感想吧。

新媒体还在蓬勃发展中,缺陷也是存在的,那就是太粗鄙、太偏激、太迎合特定读者,为了追求点击量,不少文章缺乏必要的客观性。我们可以看到,观点越偏颇、激进的文章,往往影响力越大;观点越冷静、客观的文章,反而遭到冷遇。有时你多几句脏话,多骂几声娘,可能点击量都会更高一些。但这其实挺让人失望的。

这个时代,需要激情,需要冷静,不能只有"标题党"和心灵鸡汤。

在这方面,我们的传统媒体其实大有可为。我总觉得,宣传宣传,要宣更要有传,如果只有宣,没有好的传播,那就不是有效的宣传。有好的创意、好的内容,更加接地气,自然就有好的效果。

所以,我们看到,现在最有影响力的新媒体,不管是人民日报还是新华社和央视新闻,它们还在不断地创新,不断推出优质的内容。

我总是相信内容为王。平台会发生变化,但有好的内容,永远就不怕竞争。"牛弹琴"一些微信文章,有10万+的,偶尔也有100万+的。这其实也是在鼓励我,真正优质的内容,有时受限于平台,传播力有限;但如果一直是优质的内容,它总有穿透力,最终会带来影响力。这就需要努力、需要坚持、需要耐心,也需要韧性,以及一点点的运气。

当然,要维持运营,也需要一些广告。坦率地说,也有不少广告找上门来,开出一些让我心动的价格,但一看就是很不靠谱的东西。比如,标榜名牌的产品,但只是卖地摊货的价格,你觉得可能吗?君子爱财,更何况是我这样的普通人,但有的钱,昧良心的钱,打死也不能赚。

这是一个最好的时代,也是最坏的时代。具体到新媒体,有很多创新,让人眼前一亮,但抄袭洗稿,也屡见不鲜,毁三观的文章,也还不少。这对原创且严肃的内容,形成了一种很不公平的竞争。可以说,当前的新媒体时代,既是一个野蛮生长的年代,也是一个考验定力和品格的年代。

作为一个媒体人,我还是想为后者努力实践!

泰山:

> 每一个做爷爷的都是从做孙子开始,做公众号也不例外。只要坚持原创、及时、准确、真实、正面、积极的创作原则,持之以恒,从对牛弹琴做起,牛虽愚钝,但只要牛仍慢慢听起来,总有一天能听懂。听懂了,喜欢听了,痴迷了,牛群也来了,狗群、羊群、猪群、鸡鸭鹅们也必然来凑热闹,久而久之,爱上了琴音,日渐成瘾,不听就觉得不舒服,于是成了粉丝。此时,你的公众号也就热闹了,你说是吗?一切成功都是从不成功开始,一切成熟都是从幼稚开始。要让自己的公众号更硬核,请先从专注与执着做起。

超亿人次"追红星",这款新媒体互动产品如何炼成?

本文首发于2021年7月15日
作者:李磊

当党史学习"遇见"互动产品,会擦出怎样的火花?

最近,《闪闪岁月　红星穿越》党史学习互动产品火了!

产品以追逐"闪闪红星"的互动形式,让用户在沉浸状态下,学习革命先辈的箴言,重温党史故事。

该产品由中央广播电视总台央视网与《穿越火线》、腾讯互娱社会价值探索中心联合推出。2021年6月28日上线后,7天内实现页面浏览人数破1亿人次,微博相关话题阅读量突破1.5亿。

破圈传播并成为建党百年融媒体策划中不一样的"烟火",《闪闪岁月　红星穿越》是如何炼成的?

2021年7月13日，传媒茶话会对话央视网副总编辑魏驱虎，腾讯集团市场与公关部副总经理、腾讯互联网与社会研究中心主任岳淼，重庆大学新闻学院教授、博士生导师刘海明，北京师范大学艺术与传媒学院数字媒体系讲师、游戏研究学者刘梦霏。

好创意、小切口，做活大主题

2021年是建党100周年，做好主题策划、报道，向党的生日献礼，是主流媒体的新使命。如何献出一份既契合报道主题、宣传主线，又能出新、出彩的礼，挑战不小。

为能在同题竞争中脱颖而出，各大主流媒体精锐尽出，拼全力策划、创新，做出了丰富多彩的融媒体产品：

有媒体以声为媒，通过说唱、翻唱等形式，用音乐、MV奏响建党百年华章；

也有媒体借助VR技术，打造在线红色博物馆，让受众在虚拟现实中见证建党百年发展历程。

相比其他媒体，央视网的融媒体策划秉承"青年+"战略，切口更小，视角更独特。

"锚定了融合互动大方向后，我们决定避开宏大叙述、全局讲述这一传统报道方式，更加顺应互联网传播特性，以小切口、碎片化作为产品基调。"魏驱虎告诉传媒茶话会，"我们选择的内容切角是革命前辈们的箴言，将之巧妙嵌入互动游戏，用户可以通过操作手柄移动星标，追逐闪闪红星，汲取能量。"

从"砍头不要紧,只要主义真"的夏明翰,到"怕死不当共产党"的刘胡兰,再到"我希望在烈火与热血中得到永生"的叶挺,每一句箴言都充满力量,具有很强的感染力。

以革命金句作为内容素材,并以游戏的形式呈现,打造"小而美"的产品,实现好的创意与新颖形式的统一,反映了作为央媒的央视网做活大主题的策划能力与创新实践。

刘海明认为,媒体内容和呈现方式的矛盾,一直困扰着媒体从业者。再优质的内容,如果呈现的形式一成不变,也容易导致受众的审美疲劳。形式的变化,凝聚着媒体从业者的文化创造,创造需要改变传统思维,所以形式的变化总是有一定的难度。从这个角度而言,央视网的尝试值得肯定。

"结合中国共产党成立100周年重大节点,运用小游戏的呈现方式,从名言警句中获取灵感,带受众了解党史,讲述党史故事。"刘梦霏讲道,《闪闪岁月　红星穿越》定位准、形式新、互动强,体现了主流媒体运用新颖表达形式,用互联网思维做好新媒体产品的有益探索。

年轻态、参与感，赢得年轻用户

党史传播话题严肃、正面，容易给受众留下枯燥沉重的印象，如何打破这一刻板印象，使议题真正走近年轻人，让党史教育入脑入心？

刘海明指出，主流媒体要想赢得年轻用户，必须在思维方式、价值观等方面与他们同频共振，满足他们深层次的精神需求，而不仅仅是感官的刺激，这样的深度满足是赢得年轻群体喜爱的前提。

魏驱虎介绍，为了能让党史学习易学、轻松、有趣，真正让广大青年群体参与进来，我们起用了央视网的青年团队，为他们搭建舞台，充分调动年轻人干劲足、思想新的优势，让他们能够站上创新舞台的"C位"。

主创团队成员樊帆、张晖等人认为，《闪闪岁月　红星穿越》从三个方面做了创新：

一是，在形式上，具有高互动性和强趣味性，顺应了网络传播时代年轻人的信息接受习惯与获取方式，拉近传授距离，确保打开率。

二是，在内容制作上，所选取的革命箴言精悍有力，是文字类"易燃物"，本身就是穿越时空的"神文案"，符合青年受众体现自我价值、塑造网络形象的传播需求。

三是，从产品整体调性打造上，无论是节奏鲜明的《红星闪闪》背景音，还是简洁现代的界面设计风格……团队力求从每一个细节体现年轻化，营造青春活力的氛围感，以达成让青年受众不反感、觉得不土气的朴素愿景。

刘梦霏认为,《闪闪岁月 红星穿越》新媒体互动产品有创意、易上手,具有沉浸式参与感;用户在体验完成后能获得分数、徽章,拥有成就感;在追逐红星的过程中可以解锁名言警句,获得正能量激励。总之,从轻量化的设计来看,不失为一款成功的新媒体互动产品。

岳淼告诉传媒茶话会,"这个项目取得良好的数据表现,离不开对用户的分析,从易到难,一步步激发用户的挑战欲望。同时,结合中国共产党员的名言警句,更能激发用户爱国爱党情绪,增强用户黏性。甚至有用户玩到了7171的最高分,来致敬建党百年"。

岳淼讲道,近年来,腾讯与总台进行了非常多的融媒体合作项目。

比如,2018年春节,央视财经与腾讯天天P图合作的《幸福照相馆》获得中国新闻奖新媒体创意互动一等奖;

2021年春节,央视网与腾讯新文创研究院推出的《婴戏贺新春》小程序,通过将传统文化与时下流行的盲盒元素结合的形式,获得浏览近亿次,引发了互动热潮;

2021年世界读书日,央视财经与腾讯公益、阅文集团联合推出的《益起夜读 晚安宝贝》项目,突破了吉尼斯世界纪录。

"腾讯作为媒体融合生态的共建者,将努力为优质内容创造宽广的'出口',做好主流声音的扩音器,做好形态创新的助推器,做好转型升级的小助手。助力总台在融媒体工作中不断超越，诞生出越来越多的爆款。"

多渠道、强互动，精细化运营

"强化媒体与受众的连接，以开放平台吸引广大用户参与信息生产传播，生产群众更喜爱的内容，建构群众离不开的渠道。"这是主流媒体加快推进深度融合发展的必然要求。

该如何强化与受众的连接？一方面，媒体需要生产优质的、受众喜闻乐见的内容；另一方面，还需树立运营思维，强化渠道运营、用户运营。

魏驱虎谈道，为避免产品限于垂类困局，走入"酒香不敌巷子深"的死胡同，《闪闪岁月 红星穿越》在保障微信小程序、《穿越火线》客户端两大主渠道传播的同时，为了增加话题讨论度，还主动设置议题，在微信公众号、微博等平台加强运营。

传媒茶话会了解到，截至2021年7月15日，"闪闪红星我来接力"话题在微博阅读量达到1.5亿人次。话题得到微博的强力支持和重点推荐，吸引了众多大V转发互动。

为吸引用户参与、转发，《闪闪岁月 红星穿越》通过设置话题、制作海报、发起任务挑战等多种形式，掀起了一波敬先辈、爱国家、学党史的互动浪潮。

有微博网友在参与话题讨论时，谈到了自己儿时观看的电影《闪闪的红星》的记忆；

有有心网友晒出参与《闪闪岁月 红星穿越》中的得分截

图向党献礼；

还有微博粉丝转发"红星照耀 顶峰相见"海报并配文"以吾辈之青春，捍卫盛世之中华"，立下铮铮誓言。

魏驱虎认为，此次党史学习产品《闪闪岁月 红星穿越》取得的较好传播效果与巨大社会效益，其景深是中央广播电视总台对融合传播的多层次布局，也是央视网致力于深耕"青年+"战略的主动选择。

传媒茶话会了解到，近年来，央视网持续夯实"青年+"战略，以小央视频、央视网快看、熊猫频道等视频品牌为基础，进一步启动《星夜行》《破圈计划》《风云剧会》等青年向产品，先后出品了《人生第一次》《新兵请入列》等一系列爆款产品，尤其是2021年成功打造了破圈传播的网络春晚，一曲《少年》火遍全网。通过不断策划推出更多守正创新的内容，央视网自信地扛起了"总台懂青年，主流更创新"的大旗。

回忆杀演唱会播一次火一次，中年用户同样值得媒体关注

本文首发于2022年4月17日
作者：陈莹　孙福民

"不是我不明白，这世界变化快。"

2022年4月15日，摇滚音乐人崔健在视频号首秀，演唱会直播观看人数超4400万、点赞超1.19亿次。

这是2021年下半年以来，继西城男孩、五月天之后，在微信视频号上直播的第三场爆款演唱会。需要深思的是，这种现象给主流媒体带来哪些启示？

回忆杀，播一场火一场

不出意外，崔健演唱会又火了，从视频号火到微信群、朋

友圈，继而破圈至微博等社交平台。

复盘崔健视频号演唱会，从预热阶段，朋友圈就不断有人晒出直播链接，并分享演唱会海报，上面印有"摇滚终在场，希望永不灭"。不少不太熟悉视频号直播的用户专门向身边年轻人询问预约直播的方法。

开唱1小时后，观看人次突破3000万，截至晚上11点20分，突破4400万，创视频号直播最高纪录，直播间点赞数破1亿。崔健一口气演唱了《留守者》《从头再来》《时间的B面》《笼中鸟儿》《假行僧》等七首经典歌曲。

演唱会期间，伴随着直播场景的数次转换，窦文涛、梁博、赵牧阳等先后登台，不同嘉宾与崔健的搭配组合带来惊喜，或平静对谈，或高亢狂野，引发一波又一波高潮。

随着演唱会推进，60、70、80后聚集在朋友圈，他们一边分享着崔健视频号演唱会的链接、转发海报，一边抒发着对青春和80年代的回忆。

有人在朋友圈点评："大多数人听的不是歌曲，是情怀；看的也不是人，是青春。那一代摇滚老炮的歌，其实许多歌并不好听，只是那些歌有思想、有深度、有表达、有发泄……今日流量歌星拍马也难以望其项背。"

演唱会结束后崔健返场，将演唱会热度推向顶峰。全场3小时演唱会，弹幕评论互动从未停止，冲上微博文娱类热搜第2名。

从2021年12月17日的西城男孩线上演唱会，到2021年12月31日的五月天跨年演唱会，再到刚刚结束的崔健演唱会，在中年人的一次又一次"集体爷青回"之中，微信视频号似乎找到了演唱会直播的流量密码——回忆杀。

有传播专家分析称，崔健在视频号的演唱会呈现出网络传播IP品牌的底层逻辑：云上演出，算法算力强力加持，融入新电商，打赏新玩法，转化变现力度升温。

多次视频号演唱会成为爆款、刷屏社交媒体，并不是偶然，其背后折射出的是音乐的力量、疫情之下焦虑情绪的集中释放，更是文化交流形式的创新，社交场景传播的胜利。

毋庸置疑，互联网是先进生产力，中央也要求"主力军加快挺进主战场"，需要思考的是，从网络直播的汹涌能量中主流媒体可以借鉴什么？如何才能用好这个新动能？

主流媒体要同样重视中年用户

崔健在接受采访时说：创作的激情从未改变！

其实，崔健们与主流媒体有着不少共性——历史的沉淀、扎实的积累。

品牌，是主流媒体最大的富矿，数十年凝聚起的号召力、权威性在如今移动互联网时代依然影响深远。这也是主流媒体的核心价值之一。

"这几十年，不该变的都变了，该变的都没变。"崔健在与窦文涛的对谈中，说出了这样的精句。

这也引发了传媒茶话会的思考：对主流媒体来说，什么是"不该变的都变了"？什么是"该变的都没变"？

有这样一个插曲，此前并不认同弹幕这种新玩法的崔健，在这次演唱会直播时鼓励观众多发弹幕。

作为传统音乐人代表，崔健对"弹幕"从抗拒转变为接受。这种对新生事物的接纳也同样体现在主流媒体身上，年轻态、有网感，被不少主流新媒体人挂在嘴边。

拥抱年轻群体和新形式当然无可非议，然而，这并不意味着主流媒体可以放弃对内容孜孜不倦的坚守，而一味追求创新地迎合新一代的形式，也不意味着主流媒体放弃对70、80后等中年用户的关注，转而全力拥抱95后。

实际上，以95、00后为代表的互联网原住民，对崔健视频号演唱会的反应寥寥，个别进去看的，也发出了"我也不会唱，我也听不懂"的弹幕。

传媒茶话会小编想给家里老爷子订份健康类报纸，被无情地拒绝了，说是取起来麻烦，从手机上看新闻就够了。截至2021年12月，我国网民规模达10.32亿，其中30岁以上网民占多少？

当公众已经养成从互联网获取资讯信息的习惯，主流媒体需要重视的用户，不仅有新生一代，恐怕还有中年一代。

崔健演唱会结束后，在社交平台上，夹杂在海量的兴奋、感慨、感动之情的宣泄之中，也有更多中年用户分享了自己的思考。

有人感慨于崔健在访谈环节传达出的内容。"无论音乐中欢快的表达还是愤怒的表达，崔健都希望用影响人们精神世界的方式来实现自己作为一个音乐人的社会价值，同时也让自己的人生有意义。除了音乐的才华，思想的高度与深度、品性的正直与善良，是崔健能够在众多摇滚歌手中独树一帜的最根本性的原因。"

相比舞台设计、舞美造型、转场等形式创新，中年用户更在意从中回味起的青春岁月、释放出的情感共鸣。

在一场"热到爆"的摇滚演唱会后也能"冷思考"的他们，想必在意的是，从主流媒体报道中获取有价值的内容。

中年用户，作为各行各业的中坚力量，他们是输出思考和价值观的主体，他们的观点在某种程度上决定着社会发展和进步。

我们传媒茶话会微信公众号用户中，中年用户就是基本盘。

后台数据显示，我们60%以上用户，年龄在30岁以上。这部分用户更具独立思考性，更乐于表达和分享观点，大多数是领导，在行业中也很有影响力，我们称之为"金粉"，我们所有的内容都首先要考虑他们的感受。

在财新网58万付费用户中，超过51%是31岁以上人群，相信他们并不是为了报道形式和花样而买单，而是因其持续稳定生产的优质内容才甘愿付费。

建议主流新媒体也登录后台详细分析用户构成，时政财经类媒体，中年互联网用户应该占比很大。

这就要求，我们在创新形式的同时，依然要踏踏实实生产为他们所喜欢的内容，一如我们20世纪80年代编织的那叠芳华。

61岁的中国摇滚歌手崔健，用现象级演唱会直播证明他依然拥有年轻而澎湃的心，仍然是一棵不老的青松。

主流媒体凭何持续澎湃？凭何不老？中年用户，或许就是关键。

央视网这组时政稿竟然让90后"催更"！怎么做到的？

本文首发于2019年7月24日
作者：杨启之

2019年7月3日到7月21日，一组名为《物印初心》的时政稿件持续在各大主流网站的首页头条位置推荐，从《红船印初心》到《一篮杨梅里的初心》再到《苗叶青青印初心》……这组稿件共9篇，分别选取9种物件，以习近平总书记的执政履历作为主线，以大量的细节和生动优美的表述，令受众耳目一新、眼前一亮。

据传媒茶话会统计，截至发稿日，这组稿件在全网阅读量已经高达4.8亿，9篇均得到中国新闻网、中国青年网等中央重点新闻网站置顶转发，得到腾讯新闻、今日头条、百度首页等流量平台的首屏首条推荐，总点赞量近480万，互动留言数超过90万条，成功跃升新媒体"现象级"产品，可以说是中央广播电视总台在创新时政报道方面交出的一份优秀"答卷"。

2019年7月22日，传媒茶话会对话央视网时政特稿工作室负责人，对这组稿件的策划、生产作了详细了解。

用好"故事杠杆" 以小切口撬动大主题

《物印初心》系列时政特稿，是配合中央开展的"不忘初心、牢记使命"主题教育策划推出的。这次主题教育开展时值新中国成立70周年前夕，意义极为重大，是2019年度宣传工作的一件要事，中央主流媒体各显所能，纷纷推出相关策划进行报道。

时政报道，因其主题的严肃性、宏大性，在报道中要保证严谨、权威，可供发挥空间有限，常常落入枯燥、沉闷、说教气重的窠臼。如何打破受众的"刻板印象"，是业内新媒体时政报道一直在寻找的突破口。

《物印初心》系列特稿在这种探索中往前迈了一大步，秉持"一个好故事胜过一打大道理"的策划理念，打造了一组生动、清新、有质感的好作品。以故事作为主题主线报道的切入口，这种做法是当下时政新媒体报道的常见操作，但大多是单篇故事或者综述稿件夹杂叙事，全系列的"故事化"创作，无论从规模还是形式来说，都不多见。

主创人员告诉传媒茶话会，"物"是该策划的引子，游船、杨梅、自行车、拖拉机、擂茶、高山榕、春联、老照片……都是生活中比较常见的普通物品，但由它们牵引出的故事，事关信仰、扶贫、改革、生态等多个方面的治理实践。如"高山榕"彰显了习近平总书记"改革不停顿、开放不止步"的坚定信念，"一篮杨梅"牵扯出习近平总书记与福建省长汀市水土流失治理20余年的一段渊源，一张老照片承载着习近平总书记与梁家河的动人初心故事……

9篇文章单篇来看各有主题，综合来看又浑然一体，从历史和现实两个维度勾勒出了习近平总书记的执政轨迹与治理思路。这些故事或感人或有趣，把抽象理论具体化、把深奥道理通俗化，巧妙地抓住了读者的阅读心理、有效引导阅读兴趣，让时政特稿脚踩大地而非泛泛而谈。

创新表达方式　　打破"次元壁"

"没有想到自己有一天会'追更'一组时政报道，'次元壁'被打破了。"

"走心、清心、用心，我给眼花的爷爷朗读，没想到自己竟然看得津津有味，许多故事是第一次知道！赞！"

《物印初心》系列稿件发布后，收获了各个平台数以十万计的留言互动与百万点赞，其中不乏90后年轻受众。其实读者说的"次元壁"，正是传播学中的"信息茧房"——人们的信息获取会习惯性地被自己的兴趣所引导。

时政写作，受精确性与权威性的双重桎梏，难免走入"板起面孔说理"的信息茧房。《物印初心》系列成功的另一个秘诀，就是创造性地将散文式写作植入时政报道。

"天目山下，片片茶田，农家小院错落有致，乡间小路蜿蜒其间。"

这段如无人机全景拍摄般的场景描述，是系列文章《苗叶青青印初心》的开头。文字清新不造作，读者仿佛能呼吸到安吉茶田湿润清新的空气，令人心旷神怡。这组稿件在写作语态、遣词造句上用心雕琢，在讲故事中描绘了中国土地的大美画卷。

写长汀杨梅田"一颗颗杨梅浑圆可爱，刚刚成熟的是深红色、熟透了的是紫红色，如同一粒粒红玛瑙掩映在碧绿油润的叶子下……"写福建常口村"金溪碧波凝翠，青山郁郁葱葱，茂林修竹，白墙黛瓦，擂茶飘香……"

散文写作的另一特色就是靠细节吸引人。《物印初心》全系列没有一句口号，但却成功地引发受众情感共鸣，靠的就是在写作中深挖故事现场、以大量细节充实文章。《初心为民 习近平与一辆二八自行车的故事》中写总书记在正定时骑自行车下乡"遇到滹沱河的'大沙窝'，推也推不动，骑也骑不动，他就扛着自行车步行"。《一篮杨梅里的初心》写他工作认真："那一年，钟炳林向习近平汇报了四五个与水土流失治理相关的专业数据。习近平记得很用心，在此后的讲话中一字不差地复述出来。"这些精心挑选的人和事乃至细节，看似普通，却都能从这一角度揭示文章所要反映的深刻内涵，承载了一个个有深度、有厚度的主题。

把笔头对准人物、对准细节，《物印初心》系列稿件完成了一次深度情理交融下的精妙"舆论传播"。

丰富传播体验　融合发展在路上

为主动适应互联网传播需求,《物印初心》系列稿件除图文稿外,还增添了立体海报、开篇动画等富媒体元素,在展示上实现多媒体化,丰富读者的阅读体验,达到锦上添花的效果。

立体海报在设计上进一步提升审美体验,从字体到图像,风格统一、清新活泼,让原本枯燥的主题报道变得生动、新颖、时尚,为更多年轻读者所喜爱。同时将"老物件"利用三维手段进行巧妙处理,渲染后真实感极强,且在海报制作中采用特殊尺寸,有效兼顾了"竖屏"体验,更适合移动端传播。

此外,央视网还制作专题集纳页,对系列稿件进行集中展示,并为每篇稿件制作带有二维码的宣传推介广告海报,方便读者传播,增添产品互动效应。

央视网时政特稿工作室负责人告诉传媒茶话会,《物印初心》的巨大成功不是一日之功,背后是近3年来央视网聚焦领袖报道、创新时政语态持续发力的大"景深"。

作为中央广播电视总台的新媒体重镇,央视网天然具有权威主流媒体和互联网媒介双重血统,在时政报道领域势头正猛。

除了此次获得网络流量和行业口碑双丰收的《物印初心》系列,近年来,央视网时政报道现象级产品频现。2018年父亲节,融媒体特稿《致父亲　习近平与父亲的家国情》上线24小时流量过5000万;2017年11月,推出微视频《公仆之路》,

用一镜到底的方式回溯习近平总书记执政之路，全网总播放量达2.5亿次，并获得第28届中国新闻奖一等奖；2018年改革开放40周年纪念大会前夕，推出《习近平的改革足迹》重磅系列文章，融合H5、微视频、动图等多重新媒体元素，成功探索了时政特稿的"可视化"路径。

目前，央视网已形成"联播+"与"人民领袖"等系列品牌时政栏目，分别覆盖习近平总书记的日常报道与节点性重大宣传主题报道，由单一的图文稿件丰富为图解、动态海报、微视频、动画等多重形式。置顶数量与转载数量在各大中央重点新闻网站中遥遥领先，累计传播量达数十亿次。

"未来，我们将继续深耕时政报道，争取让'爆款'常态化。在长期的传播实战中，我们锻炼出了一支年轻多元、反应敏捷的创作队伍，今后将会持续发力。"央视网时政特稿工作室负责人向传媒茶话会介绍了今后的规划，不难看出央视网继续发力时政报道的决心和信心。

陈王丽：

　　分析得很到位，时政报道，常常因其主题的严肃性、宏大性可供发挥空间有限，落入枯燥、沉闷、说教气重的窠臼。近年来，央媒都在探索以讲故事的创作手法，打破受众对时政报道的"刻板印象"，新华社的《习近平讲述的故事》，央视的《物印初心》都是很典型的新媒体时政报道。讲故事比讲道理效果更好，原因就在于讲故事容易记忆，而且能够调动人的情绪，情绪是诱发思考的发动机。

新华社这个两会策划为何能出新出彩?

本文首发于2020年6月1日
作者:李磊

2020年5月22日,全国两会召开期间,新华社联合知乎发起"两会云问答",引起网友广泛共鸣,受到业界普遍好评。

有专家认为,新华社通过对"宏大政治主题的故事化表达,在今年的两会报道中又一次出新出彩"。

"两会云问答"策划为何能出新出彩?

2020年5月29日,传媒茶话会对话中国记协书记处原书记顾勇华,第十四届长江韬奋奖获得者、中国青年报社编委兼新媒体协调中心主任吴湘韩,重庆大学新闻学院教授刘海明,中央财经大学新闻传播系主任、教授谭云明。

主流媒体牵手网络平台

随着媒体融合走向纵深，围绕"建设全媒体"这个"紧迫课题"，主流媒体和大型网络平台的跨界合作成为解题方向之一，形式会越来越多，手法也会越来越新。

2020年5月22日，新华社联合知乎，发起"两会云问答"。6位代表、委员和嘉宾——钟南山、姚明、雷军、郎朗、张文宏、雷佳，在知乎跨界提问，邀请网友作答。话题涵盖民生、经济、科创、健康、扶贫等领域。

新华社作为国家通讯社，在世界新闻传播领域具有无可替代的权威地位。知乎则是以用户高学历、年轻化为鲜明特征的互联网平台。

"两会云问答"，是在遵循新闻传播规律的意义上展现的媒体融合发展亮点——既可以彰显主流媒体的权威性和公信力，也可以发挥互联网平台用户体量大和黏性强的优势。

顾勇华认为，在此次"两会云问答"活动中，新华社作为权威媒体，是话题的发起者和组织者，也是权威信息的发布者。知乎作为产出高质量内容的问答社区，聚合问题、汇集答案，引导网民讨论、参与。两者是信息传播的强强联合，起到"1+1>2"的效果。

刘海明谈道，"央媒和专业网络平台的携手合作，双方各取所长，一个拥有强大的采访资源与品牌影响力，一个拥有庞大用户群及网络传播力，可以实现资源的优势互补"。

随着传播由大屏转向小屏，受众也由传统媒体平台向网络平台集中，新华社的"两会云问答"是新华社主动深入互联网平台，增强传播互动性、贴近性的成功实践，实现了两个舆论场的深度融合。

在吴湘韩看来，"新华社的'两会云问答'是国家主流媒体主动走进年轻人聚集的网络社区进行主流价值观传播、有效引领青年的创新探索。双方发挥各自资源和渠道、平台优势，实现优势互补，发挥名人效应，扩大传播效果"。

全国政协委员、中国篮球协会主席姚明，第一个提问——磨难压不垮，疫情考验过后，我们如何苦练内功，让自己变得更强大？

钢琴家郎朗，此次活动中的提问是：你有哪些通过个人奋斗，让梦想照亮现实的经历？

谭云明认为，这次策划的"两会云问答"活动，再一次证明：传统主流媒体与新媒体融合是非常必要的，而且是可行的。在移动互联时代，如何引导社会舆论，如何建设好"四全媒体"，"融合"发展尤为迫切，"路径"探索难能可贵。

主动设置议题，提出时代之问

两会期间，社会公共话题广受关注，也是问政、问计于民的好时机。新华社发起的"两会云问答"，以两会召开为时间节点，主动设置议题，把严肃、宏大的政治主题，通过激发网民的故事化表达，反映群众对两会的关切和期待。

刘海明讲道，"问答是思想的碰撞，好的问题可以刺激网友的想象力,可以给人们提供思考的空间,碰撞出思想的火花。'两会云问答'话题具有典型性,反映时代问题、任务、趋势"。

新冠炎疫情让全国人民的生活、心理都受到极大影响,这段经历每个人都刻骨铭心。疫情防控常态化时期,分享抗疫故事,记录一段独特记忆,"网红"医生张文宏全网"征集"抗疫故事。

全面建成小康社会,实现第一个百年奋斗目标,是时代任务。2020年是决胜全面建成小康社会、决战脱贫攻坚的收官之年,歌唱家雷佳邀"你"为贫困家乡做建设,分享帮助家乡脱贫的故事。

钟南山的提问是:"经此一役,你形成哪些健康的生活方式?你有哪些健身故事?"今年的疫情深刻地改变了大家的生活,养成健康的生活方式成为社会的共识。钟南山本身就是运动达人,由他来提问,自然而贴切。

"实现梦想没有捷径,努力也是一种天赋,说说你的奋斗经历好吗?"郎朗提出这个问题,大家立即就能想到郎朗从童年开始刻苦练琴,终成国际著名钢琴家的奋斗故事。

吴湘韩告诉传媒茶话会:"这6个问题为6个名人'量身定制',切合他们的身份和经历,问题的设置也有专业性和吸引力,容易引起用户的共情和共鸣,激发相关用户回答。"

顾勇华也认为,在新冠肺炎疫情趋向常态、全国两会召开两大背景下,这些问题或直接或间接反映了当下中国社会发展实际,是大家关注的真问题、好问题,能引发社会广泛思考,而且具有很强的传播导向性。

在提问后，众多网友积极回复。

出生在豫西南和鄂西北交界贫困山村的大学生，用自己的实践，践行了"读书改变命运"的观点，并且说服更多的家长支持孩子上大学，鼓励更多的孩子完成学业，带动村里越来越多的小孩去读高中、读大学，用知识脱贫，而不是"等、靠、要"。

该回答获赞1346个，留言互动200多条，还获得知乎CEO周源的点赞。

截至2020年5月31日，"两会云问答"总回答数5680条，回答总字数450万，评论数13102条。

新媒体形态融合互补

媒体不仅是新观念的传播者，也应是新技术的实践者。媒体主动拥抱新技术、新应用，可实现内容和技术的双驱动，建设智媒体，满足分众化、参与性网络传播环境下受众的新需求。

谭云明讲道，"全国两会年年召开，而媒体人年年策划的报道活动各异，'两会云问答'充分体现了媒体人的创新精神"。

"两会云问答"在传播形式上实现了新媒体形态融合、交互。提问官录制短视频出镜，直击问题，形象跃然屏上；活动海报简约庄重、典雅大方，视觉效果好，附上二维码，方便用户参与答题；活动H5页面以提问官邀你语音通话的形式，增强与网友的互动性。

传播手段和话语方式创新，可以让话题更好地"飞入寻常百姓家"，受众以更便捷的方式参与、互动。

吴湘韩表示，除钟南山没有视频外，其他5位嘉宾用视频制作H5与用户互动，有助于增强互动性，利用微信等传播渠道扩大活动的推广力度，增强活动的传播效果。

顾勇华也谈道："新媒体传播技术已成为话语表达新常态，'两会云问答'综合利用各种新传播手段，在问与答之间，实现信息交互，完成传者表达与受者参与。同时，有了这一次尝试，也为未来双方合作积累了经验。比如，话题设置可以根据当时的大事、热点，更为集中鲜明；提问也可以更加方便回答，既具开放性又有针对性，既有专业性又有可操作性。"

揭秘！新华社这组互动报道为何让全网"破防了"？

本文首发于2021年12月30日
作者：李磊

"工作应该追求稳定，还是多闯一闯？"

"如何在平凡的生活中找到自己的不平凡？"

"觉得结婚以后，好像就跟梦想无缘了。"

时至年终，挥手告别2021年，你会如何复盘这一年？对即将到来的2022年，又有哪些期待？兴许每个人，尤其是年轻人都存在这样那样的困惑。

2021年12月17日，新华社联合微博、新世相，以问答互动的形式，收集网友的问题、疑惑，邀请张桂梅、张文宏、苏炳添、王赤4位典型人物，以回信的方式，为网友答疑解惑。

数据显示，截至2021年12月30日，"年终提问2021"话题总浏览量达10.9亿人次。

这场引发广泛参与、共鸣的新媒体互动报道，有何出圈密码？

2021年12月28日，传媒茶话会对话中山大学传播与设计学院教授、博士生导师张志安，重庆大学新闻学院教授、博士生导师刘海明。

优势互补跨界深度融合，打造爆款融媒体产品

随着媒体融合走向纵深，围绕建设"新型主流媒体"这一新使命，跨界合作成为融合新常态，形式越来越多，手法也越

来越新。

"年终提问2021",在遵循新闻传播规律基础上,展现出媒体融合发展亮点——中央主流媒体+头部社交媒体平台+新媒体大号,三者的合作、协同,实现"1+1+1>N"的传播效果。

对新华社而言,发起"年终提问"新媒体互动报道,既是创新媒体年终报道形式的体现,也能发挥新华社的权威性、公信力优势,让话题更有公共性、参与性,彰显新华社在促进年轻人成长上的价值引导作用。

"公众需要对他们有用的内容。"刘海明认为,"年终提问2021"满足了公众,尤其是年轻人在工作、生活上存在困惑、焦虑,迫切需要"过来人"指路的需求,话题容易引起共鸣,这是此次活动受欢迎的重要原因。

微博作为社交媒体平台,具备用户体量大、互动性强的优势。"年终提问2021"可以在微博上引爆话题,发挥信息聚合、观点自由市场作用,微博可为网友参与讨论、转发提供开放的平台。

传媒茶话会了解到,此次新媒体互动报道系列话题8次登上微博热搜。2021年12月20日,张桂梅的回信在微博引发强烈反响,话题"张桂梅给年轻人的一封信""张桂梅说改变命运的机会一直都在"登上微博热搜和要闻榜前排,话题词阅读量1.3亿。

此次合作中,两大合作方与新华社在内容上密切配合,选取了既符合时代特点,又与年轻人个体心态密切相关的话题,充分引导年轻用户参与、互动,更易破圈。

张志安评价，"年终提问2021"策划体现出了新华社、微博、新世相三者之间的有效协作。

"新华社作为国家级主流媒体，发挥在信息传播领域的权威性、公信力优势；微博作为开放平台，可实现内容对不同人群，尤其是年轻群体的精准触达；新世相作为垂类自媒体，在年轻人群中有较强的影响力，且善于做情感传播策略，善于抓住社会情绪。"

互联网思维，打造立体、多元化传播

"年终提问2021"的刷屏、破圈，既是契合用户信息需求，高价值、有温度的内容的胜利，也是运用互联网思维，打造爆款传播这一方法论的胜利。

刘海明认为，"年终提问2021"传播案例再次证明，主流媒体必须认识到，新闻必须有互联网思维，而不是"自娱自乐"。

张桂梅、张文宏、苏炳添、王赤的4封回信，引发网友广泛共鸣。

"看了他们的信，更觉得脚踏实地，终有所成。"

"'这将是最后一个疫情寒冬'我一直相信这句话。"

在微博、新世相微信公众号上，有网友写下了上述留言。

此次新华社组织开展的"年终提问"新媒体互动报道，也深具互联网思维，具体表现为开放思维、用户思维、互动思维、全媒体传播思维。

一是开放思维。新华社秉承"开门办报"理念,深化跨界融合,搭建开放平台,赋予每一个网友发问的机会,"到群众中去"听取社情民意。此次活动,全网收到10万条提问。

二是用户思维。这种思维体现在活动并不是在自说自话、自问自答,让问题过于分散,使回答流于空泛;而是从10万条提问中选取网友普遍关心的话题或存在的问题,邀请4位嘉宾做出针对性的回答。

"不论什么时代,不论何种介质的媒体,以受众为本位,就是尊重受众,也是媒体的自重。"刘海明认为,"年终提问2021"将带有共性的问题变成了名家回信,这样的互动式报道将公众需求和媒体表达链接起来,让读者在这里找到了答案。

三是互动思维。"年终提问"采取问答形式,同时,发挥社交平台优势,引导网友留言、互动、转发。报道项目组针对每一封信发布后网民真挚的感受留言以及分享的故事做成"金句海报"进行"二创"发布,形成互动报道的闭环。

"当一个人有了更高的理想目标要去努力实现时,他就不会在意脚下的泥沼。感谢张校长。"

"星光不负赶路人,寒冬尽头是阳春。岁月不会亏欠每个努力向上的人。"

有网友在回信中这样说道。

四是全媒体传播思维。在预热、正式发布过程中,项目组借助微博、微信公众号、视频号平台的传播力量,综合运用文字、音频、海报、短视频多种形式,精心设计了回信及金句的视觉传达体系,根据抖音、快手、视频号特点设计了视频形态回信，形成破圈的"集束炸弹"。

这种立体、多元的传播，也收到了超预期的效果。据传媒茶话会了解，2021年12月21日张文宏回信播发后形成破圈刷屏效果，新华社公众号推文1小时内即突破10万+，48小时阅读量达到100万，新华社微信单条涨粉1万+。

创新主流价值讲述方式，让大流量澎湃正能量

如何在充满不确定性的时代，让年轻人找到人生的确定性？如何营造年轻人积极向上、自强乐观的社会氛围？作为主流价值观的传播者、中国故事的讲述者，主流媒体承担着重要角色。"年终提问2021"之所以能引发年轻人广泛参与和共情，实现让大流量澎湃正能量，这与创新主流价值讲述方式息息相关。

一是选好讲故事的人。

"年终提问2021"策划选取的4位人物，身上都有着耀眼的光环和令人肃然起敬的力量。

张桂梅是教师，也是"感动中国人物"；张文宏是医生，更是抗疫先锋；苏炳添是短跑运动员，也是100米亚洲纪录保持者；王赤是中国科学院院士、空间物理学家。

几位人物离普通受众很远又很近。说远，是因为他们在自己的岗位上都创造了巨大的社会价值或常人无法企及的道德高度、专业成就；说近，是因为他们都是普通岗位上的普通人。这样又远且近的人物分享人生经历和故事，让故事既有亲近

性,也有可读性。

张志安建议,在"无视频不传播、无平台不触达、无情感不共鸣"的网络传播环境下,主流媒体要善于结合热点时刻,做好重点策划与报道,用"合适的故事讲述者"讲好"好故事"。爆款、刷屏的案例远胜于过多的平庸传播。

二是场景传播的运用。

"年终提问2021"的出圈,体现了"场景传播"的力量。

张志安指出,首先是时间切换场景,新的一年和旧的一年更替,在这样的时间节点,人们习惯于回望过去,展望未来。其次是社会场景,疫情之下,焦虑、不安成为各阶层的共性情绪。这场策划,在两大场景之下,能够调动大家的情感,引发参与和共鸣。

"太感人肺腑了,不论何时,我们都需要彼此的爱。"新华社微信公众号刊发张桂梅回信后,有网友在文后这样留言。

三是对话的方式。

此次策划,发挥互联网传播在信息汇集、用户聚合方面的优势,组织了一场线上的4位时代典型人物与年轻人"面对面"的对谈。

不仅有张桂梅等针对年轻人共性问题、困惑的回信,有针对网友有趣问题的快问快答,还有网友给嘉宾的回信。在三重对话场景中,构筑交流的闭环,4位嘉宾以长者、过来人身份讲故事,为青年人择业、追逐梦想等问题指点迷津,回信真挚诚恳,打动人心。

"年终提问2021"新媒体互动报道,整合资源,发挥各方优势，以互联网思维为指引，创新传播方式，既有故事，又有犀利的观点，给人以精神力量。这在充斥着八卦新闻、负面新闻的喧嚣舆论场中，是一股清流，大气隽永，体现了新华美学。

同时，在问与答的沟通、互动之间，实现了"两个舆论场"的融通，也为主流媒体如何做好年终报道，创新正能量传播方法，提供了生动的实践样本。

播放量破亿！法小治法小宝这对动漫普法形象咋出圈的？

本文首发于2021年12月31日
作者：叶莉

厉害了，普法界出明星了！

2021年底，法治日报法治网的一对动漫普法形象——法小治、法小宝掀起了普法热，带领观众开启了一段有趣的寻法打卡之旅。

近10万条留言中，有人评道，"让这些顶级大咖放下一本正经，开启萌萌哒画风，这得多大魅力啊"；有人跟帖"专家解读真是通俗易懂、妙语连珠、精彩绝伦，让我们在最短的时间内充分领略到了习近平法治思想的博大精深"；也有人表示，"这些耳目一新的法治金句、具有鲜明时代特征的法治IP，真是让人过目不忘"。

用有趣的动漫互动宣传法治思想，法治日报法治网是怎么做到的？这对媒体创新做好法治思想的普法宣传有何启发？

带着这些问题，传媒茶话会独家对话法治日报法治网《小治小宝寻法记之"习近平法治思想专家谈"》创作团队，探寻出圈妙招。

权威法学专家加持，创新讲解"十一个坚持"

一提到法律知识学习，大多数人的反应是枯燥无趣。习近平法治思想正式提出一周年之际，普法宣传需要怎么做，才能达到深入人心的效果？

这个问题，让法治日报法治网的编辑们思考了很久。

"我们一开始想过出8分钟左右的单期视频，以'手绘动漫+实景画面+专家解读'的形式，通过精细化的故事内核来呈现每一个'坚持'的宏观立意。"法治网副总编辑刘青告诉传媒茶话会。

但实际操作时，困难重重。作为此次系列微视频的导演，刘青表示当时面临的困难主要有两方面：一方面，1个月的制作周期只允许团队从"十一个坚持"中选择3个到5个来完成，无法完全覆盖习近平法治思想的全部内涵。另一方面，在实操过程中，原定的视频宏观叙事模式太重，8分钟时长也偏离青年群体的观影习惯，不利于普法视频传播。

对此，法治日报社邵炳芳社长、周秉键副书记多次牵头组织召开研讨策划会及专家交流会，同顾问专家、团队成员头脑风暴，几番讨论达成共识，团队最终决定以轻量化方式操作——开创式采用"动漫＋专家访谈"的形式，轻装简行，设置"法小治""法小宝"两个动漫人物设问采访，邀请6位国内顶级法学专家答疑解惑，以寻法打卡为主线，逐个探索"十一个坚持"背后的深刻内涵和精髓要义。

中央党史和文献研究院王刚同志和中国法学会刘宇轩同志，作为本次《小治小宝寻法记之"习近平法治思想专家谈"》的青年顾问，十分认可"动漫＋专家访谈"的形式。

他们认为，"动漫＋专家访谈"的组合形式在国内普法视频领域尚属首创。当晦涩难懂的高深理论、庄重严肃的国内顶级法学专家，遇上有趣、有料、有梗的法小治和法小宝，神奇的"化学反应"发生了，常规访谈的刻板与无趣被动漫形象的互动打破，而传统动漫的低龄稚气又被严肃的法治内容充分化解，两相结合，一部集知识性、互动性与趣味性于一体的融媒精品应运而生。

刘宇轩介绍，法小治、法小宝这对动漫形象的设定精准匹配青年群体，充分适应网络传播的趋势，注重个性化制作、可视化呈现、互动化传播，可以更广泛地触达受众，带来更炫的呈现、更实的体验，从而实现重大主题从"硬"说教到"软"宣传的过渡。

值得一提的是，在轻量化的形式下，系列微视频的内容仍由权威法学顾问和专家把关，确保了内容的准确性、专业性、权威性。此次普法微视频的访谈专家主要由《习近平法治思想概论》教材编写课题组首席专家和主要成员组成，包括中国法学会学术委员会主任张文显、中国法学会副会长甘藏春、中国社会科学院学部委员李林、中国政法大学校长马怀德、中央党校政治和法律教研部主任周佑勇、中国人民大学法学院教授黄文艺6位国内顶级法学专家在内,从动漫形象的提问开始,由浅入深进行解答,确保习近平法治思想的解读方向正确、内容精准、释法权威。

同时,曾参与《觉醒年代》《百炼成钢》等多部热播视频的审读、编写工作的王刚同志和曾参与马克思主义理论研究和建设工程重点教材《习近平法治思想概论》的编写审校工作的刘宇轩同志全程把关,从脚本撰写、弹幕编排、对话设置到制作创意、形式选取、情节推进、IP设计等方面为系列微视频保驾护航。

Rap、弹幕轮番出新,传播语态有活力、接地气

相比其他普法视频,《小治小宝寻法记之"习近平法治思想专家谈"》系列微视频之所以能吸引到年轻受众,破圈传播,得益于创作团队在传播语态方面的创新。

任意点开一期"小治小宝寻法记",观众首先会被法小治的"法治思想谱新篇,'十一坚持'个个好……"这句"魔性"Rap"洗脑",沉浸到寻法打卡的旅程中。

"Rap的灵感最初来自一条抖肩舞视频。"刘青回忆,"当时,我们想写打油诗来概括寻法打卡的特色,但写了几首,效果都不太好,毕竟既要考虑到内容的政治站位,又要考虑到传播效果。苦恼之时,团队成员偶然刷到抖肩舞的视频,就讨论普法视频能不能也这样进行动感传播,于是就有了这首Rap。"

观看视频时,观众也能看到专家引经据典,时常蹦出熟悉又易记的金句,如"弈棋落子,首重布局;运筹帷幄,决胜千里""敢于向破坏者、搅局者说不!""为当事人既解开法结,又解开心结"……加深观众对"十一个坚持"的理解。

不仅如此,丰富的事例更为视频增色不少。在"坚持以人民为中心"一期中,张文显老师就以民法典、扫黑除恶为例,将晦涩难懂的法言法语转换为通俗易懂的生动阐释,成为以小切口呈现宏大主题的典范。周佑勇老师则用"三个和尚没水喝"的生动比照让国家、政府和社会三者之间的重要作用跃然纸上,为不少网友津津乐道。

同时,团队还创新采用了弹幕的形式,注重与年轻人互动。在弹幕的编排上,创作团队花费了不少心思。为了保证内容的权威性和专业性,团队在法学顾问的把关下精心编排了引导式提问的弹幕,如"如何理解深入推进科学立法、民主立法、依法立法的要求""黄老师,请问这一坚持的重要意义是什么?"等,营造良好的学习氛围,又添加了"前排坐好""搬好小板凳""又到了愉快的学习时间"这样与年轻人亲近、契合的互联网话语,形成欢快的互动。

为了保证视频的严肃性、准确性,每一期普法视频的弹幕都经过严格把关,表达内容、出现时间都经过了反复的斟酌与修改。"由于涉及习近平法治思想的专业解读,因此通过弹幕加强观点输出时,必须保证每一条弹幕都有准确、权威的出处。而使用网络用语活跃互动氛围时,也必须保证弹幕内容的安全性,不能太过娱乐化,从而消解法治思想的严肃性。"王刚说道。

访谈专家们也一改往日一板一眼、严肃说教的形象,化身为幽默有趣的法学老师,通过跟法小治、法小宝、屏幕前的网友微笑、打招呼拉近与观众的距离。同时,老师们认真听取法小治和网友的提问,点赞他们的提问,耐心详细地解答,俨然一堂实地教学课,让观众全神贯注地沉浸到学习中。另外,问答过程中,视频还设置了访谈专家自由滑动、抽取弹幕提问,解答观众疑问的环节,有效加强即时互动。

对于普法视频来说,传播语态的转变尤为不易,太严肃的话语有很浓重的说教意味,太活泼的话语又容易影响法治思想的严肃性。而此次传播语态的创新充分适应了媒介融合发展的趋势,适应了青年群体接收信息的习惯,是法治网对重大主题宣传项目的有益探索和成功尝试。

塑造动漫形象,寻法打卡让人停不下来!

此外,法小治法小宝这对动漫形象的成功塑造也是作品迅速圈粉的秘诀所在。

"在创作之初,我们本想以法小治为主形象进行动漫制作,但是单一的人物很难呈现寻法故事的情节性与趣味性。在参考众多经典动漫形象后,我们思索,如果动漫作品中有两个类似于哆啦A梦和大雄的伙伴形象,是否就能让作品内容更具有互动性、趣味性。在推翻3套方案后,我们最终选择了法小治和法小宝这一对寻法动漫形象。"刘青说道。

动漫形象易得,人设难定。法小治和法小宝的性格、角色应该是怎么样的?这一问题又让团队犯了难。

几经思索,最终敲定。

法小治是法治的化名,他是初学法律的法学院学生,穿着一身同法官服一样颜色的黑色T恤,T恤背后印有法治网的LOGO,形成独家人物IP。法小治代表的是广大青年,以他为第一视角的提问和总结能够引起青年受众的内心共情和思想共

鸣。作为年轻人,法小治能够玩转Rap、弹幕等时尚、流行的元素,有利于视频采用年轻人更容易接受的方式宣传习近平法治思想。

从寻法之旅的互动性出发,团队将法小宝设置为寻法之旅的引导者,由它引导法小治和网友深入学习习近平法治思想。

法小宝是以獬豸为原型的法治小精灵,能解决各种现实中的困难,是法小治的亲密伙伴。它有着可爱呆萌的外表,但又有法术神通,知识渊博。这种睿智与萌态的"反差萌"获得了网友的诸多关注和喜爱,甚至有网友直呼:"真希望有个法小宝陪伴在我身边!"

两个动漫形象在寻法打卡之旅中一唱一和、一捧一逗、一张一合地默契配合,组团打卡寻宝、访谈专家,将"十一个坚持"有机串联起来,有效推动情节向前发展。

有这样一对动漫形象作伴,12站打卡之旅,站站充满精彩。从2021年11月16日至11月27日,《小治小宝寻法记之"习近平法治思想专家谈"》系列微视频在法治日报微信公众号连续12天推出,每一期的阅读量都强势突破10万。

中央政法委官方微信公众号"长安剑"同步转发该系列微视频且点击量全部破10万,全国政法系统积极迭变推广,掀起传播热潮。该系列微视频也实现了在全国普法系统、传媒界、高校圈等多领域的跨界传播。

值得一提的是,在第四个"宪法宣传周"期间,该系列微视频获得了第二轮有效传播,被中央网信办全网重点推送,连续3天在全网网站、客户端重要位置呈现。同时,基于对该系列微视频的认可,法治网微博获得了中央网信办传播局今年国家宪法日全网主题活动"良法善治 同心同行"的话题主持权。法治网在该话题下又重点推介该系列微视频,"良法善治 同心同行"话题冲上微博要闻榜。截至2021年12月13日,视频播放量破亿,在全网掀起习近平法治思想学习高潮。至此,习近平法治思想系列微视频实现了连续20天裂变式破圈传播。

这对动漫形象的成功塑造既增强了视频的互动性,拉近了与网友的距离,又充分呈现了专家和网友相互交流的氛围,真正使严肃的主题活了起来、动了起来。

当前,虽然"习近平法治思想专家谈"的打卡之旅暂告一段落,但是法小治和法小宝的寻法之旅却刚刚启程。未来,他俩又有哪些奇妙的寻法旅行,值得我们继续期待。

不想上热搜，却总上热搜！媒体上热搜的秘诀是什么？

本文首发于2021年5月20日
作者：陈莹

"今天你上热搜了吗？""这个话题词被同城 Push 了吗？"

如今，微博热搜已成为体现媒体账号头部地位的重要指标。

媒体为什么如此热衷热搜？谁能抢到热搜话题主持人？秘诀是什么？

传媒茶话会对话中国社会科学院新媒体研究中心秘书长、研究员黄楚新，中国新闻周刊新媒体主编胡韵，每日经济新闻社交媒体部主任杜波，河南日报报业集团新闻策划协调部主任庞向辉。

媒体为什么抢热搜？

知微数据发布的微博热搜统计报告《2020，谁在参与热点事件？》显示，2020年度热搜媒体账号TOP10中，财经类媒体最为活跃，包括每日经济新闻、北京商报、中国新闻网、21世纪经济报道、中国新闻周刊等。

某种程度上，抢热搜如同千军万马过独木桥，媒体却不得不上。

黄楚新看来，对媒体来说，上热搜有"效"与"质"两大价值。

一方面，上微博热搜意味着媒体用自身生产的内容抢占数亿用户的注意力资源，媒体曝光量将直接跃升一整个数量级，并由此带来媒体影响力的爆炸式增长。

另一方面，上微博热搜也意味着媒体报道的内容满足了用户需求，符合智能媒体传播规律，有助于媒体在大量曝光的基础上塑造品牌形象并巩固用户基础，进而实现媒体传播力建设的良性循环。

2021年4月下旬，每日经济新闻创建的话题"500余名艺人发声反对短视频侵权"引起全网热议，截至目前收获8.3亿阅读量、4.9万讨论。

杜波告诉传媒茶话会："上热搜对媒体的价值比较大，除了推广内容外，品牌知名度和影响力都可以得到扩展提升。"

千军万马过独木桥,热搜难上!

《微博2020用户发展报告》显示,2020年微博认证的媒体机构类账号数量超过3.8万个。

微博热搜总榜共有50个话题,以及被称为"热搜池"的16个实时上升热点。为了争夺这些位置,媒体、艺人、自媒体可谓八仙过海,各显神通。

黄楚新分析认为,媒体抢热搜主要存在拿料能力与运营能力两方面难点。

在拿料能力方面,媒体能否获取独家消息或最新消息成为抢热搜的重要因素,多样化的信息来源渠道亟待建立。

在运营能力方面,媒体微博运营者的话题词写作、报道角度选择、互动环节设计、把握发布时间等都是运营能力的重要体现。

"抢热搜需要运营者在短时间内捕获热点,并及时转化为易于理解与传播的话题,解决这一难题需要系统提升媒体微博的运营能力。"黄楚新表示。

热搜是运营出来的

基于微博热搜榜的动态更新、开放性的特点,只要话题热度够高、用户反响热烈,无论媒体账号粉丝量有多少、话题类型是什么,只要懂得运营规律的微博账号都有可能登上热搜。

最早一批进驻微博的媒体,大多已经找到了抢热搜的

"正确姿势"。

每日经济新闻每月都有几十个话题登上热搜榜，杜波总结出的经验是"热搜话题不是抢来的，是运营出来的"，他认为微博运营包括媒体对题材的选择、编辑包装（标题制作、文案、话题拟定等），以及发布后的运营推广。

具体该如何运营？

1.话题设置言简意赅

"一般情况下，热搜话题的话题词应当简洁明了最能表达核心新闻点，比如数字、核心冲突点、知名品牌或人物的突发事件等。"杜波如是说。

中国新闻周刊平均每周有3—5个话题上热搜榜，对此，胡韵也深有同感，"要根据微博一般的运营规则和技巧，设计话题词首先是要精练，其次是在有限的字数里最大体现新闻的价值"。

庞向辉表示，根据平台属性来搭建话题比较容易上热搜，微博上的用户喜欢一语中的或轻松活泼的网络用语类话题词；新闻类话题，能用最简洁的词说清楚新闻事件的更容易上热搜。"上热搜还需要粉丝参与讨论才能提高热度，可以在话题里面丰富各种场景，比如投票、抽奖、比赛等应用，来提高话题热度。"

2021年5月12日、13日两天时间，河南日报报业集团在微博发起系列话题全部冲上话题排行榜，其中"宛里大有乾坤""丹江水北送2000多个西湖"更是冲上微博热搜榜置顶位置，"南阳月季誉满全球""艾拼才会赢""这里是南阳""走进医圣故乡"登上热搜要闻榜，总阅读量超1.8亿。

2. 眼疾手快拼速度

"媒体运营热搜话题并不容易，热点转瞬即逝，每天除了要和大量明星八卦等营销内容抢占热搜榜位置，又要和同行赛跑，很多时候比的就是手速。"胡韵如是说。

2019年，高以翔录制综艺节目猝死，中国新闻周刊第一时间推出话题"如何看待危险性综艺节目""综艺节目该设置危险挑战吗"，两个话题都登上热搜榜，阅读量分别是1.2亿次和1.8亿次。"我们是反应最快的，其他媒体还在报道新闻事实的时候，我们最先推出议题。"胡韵告诉传媒茶话会。

3. 内容、推广做加法

数据显示，每日经济新闻参与了2020年一半以上的热点事件。

"热搜话题每个月都有几十个。"杜波分享了每日经济新闻抢热搜的两个运营技巧。

一是内容加法，比如视频、多图知识科普、投票、议题等，都可以围绕话题内容展开，丰富话题内容，助推话题阅读量的提升，成为热搜。

二是推广加法，需要寻求其他知名媒体或博主的转发或参与，在短时间内尽快扩散。

4. 坚持自身调性，形成方法论

"运营热搜和做好内容一脉相承：一是坚持自己的调性和价值观，二是对内容本身的用心和专业，三是对微博传播规律的了解和钻研，四是对用户群体的关注与关心。"胡韵进一步表示,"如果非要说的话,每个媒体还是应该坚持自己的调性,形成自己的方法论。"

首先是不能做的。比如,微博上充斥着大量明星八卦,这样的内容不符合中国新闻周刊提倡的新闻价值;再如,全民热议但事实真相尚不明朗、引发巨大争议的新闻事件,需要媒体有基本判断力,不能为了一时博眼球盲目跟风。

其次是坚持做的。对某个恶性事件坚持发声,对某种不良社会现象不断挖掘。

黄楚新提醒说:"媒体有必要抢热搜,但不能'唯热搜'与'唯流量'。"正确的新闻舆论如果没有及时主动占据宣传阵地的制高点,宣传阵地就必然会被错误的新闻舆论所占领,媒体于情于理都应主动参与微博热搜竞争。

全网播放量超1亿!这部催泪微电影的爆款密码是啥?

本文首发于2021年7月8日
作者:李磊

"老乡,向你打听一个事情,你知道哪里有棉衣吗?"2021年6月30日,人民日报联合腾讯影业推出,讲述"在炎热的夏天,拿着烟袋锅的老人寻找'棉衣'"的微电影刷屏网络,无数人看完后为之泪崩。

截至目前,该视频全网总播放量超1.1亿次、微博话题阅读量超1.5亿次,登上抖音、B站热榜前十。

一部致敬中国共产党成立100周年的微电影火出圈,传播"密码"是什么?给主流媒体短视频创作带来哪些启示?

传媒茶话会对话中国社会科学院新媒体研究中心副主任兼秘书长,教授、博士生导师黄楚新,中国传媒大学电视学院教授付晓光。

故事鲜活、主题鲜明，呈现"微"言大义

"风雪中，把棉衣让给战友，自己却因寒冷而牺牲的'军需处长'化成了一座丰碑。"

这是入选人教版小学语文课本文章《丰碑》的故事。

如今，这个感人的故事被再创作，并以视频的方式呈现，被赋予新的内涵。

"感人！"

观影后，黄楚新和付晓光对该片的评价给出了这一共同关键词。

黄楚新认为，本片用新的叙事方式为红色经典赋予了新的生命力和传播力，感人至深的革命故事将我们的记忆又带回到了艰难前行的革命年代。

"有些视频，看起来热闹，看完后却什么也没留下。这部微电影，能让人回味和感怀，再次受到革命先辈奋斗、牺牲精神的感染。"付晓光讲道。

影片感人、鼓舞人心，背后反映的是《在场》创作方选

好故事的独到眼光,叙事手法的创新,以及对情感节奏的精准把握。

首先,从故事剧本选择上看,选材视角独特,选角眼光锐利、不拘一格。

《在场》选择了小学课文中的经典文章进行重新演绎,并第一次用电影艺术手法呈现,这是一次有益的创新。

黄楚新认为,"经典故事+新媒体表达方式,两者的结合,既能让故事焕发新活力,又为新媒体技术找到内容、价值依托"。

其次,该剧的叙事手法新颖,情感节奏把握到位。

相比平铺直叙的叙事,影片采取两条叙事主线,用平行时空手法,为观众营造一种"先不明所以,逐渐被感动、催泪,最终被圈粉"的观影感受,加强了影片的戏剧性。

"从悬念设置,到反转节点的选择,再到叙事线的合并,故事主题的提炼,该剧都具备电影艺术手法。而且叙事节奏短平快,非常符合网络制作与传播思维。"付晓光对传媒茶话会讲道。

就情感节奏把握而言,该剧从老人寻找"棉衣"过程中的碰壁、无助,展现的倔强、坚持、锲而不舍;到讲述盛世中国,人民安居乐业;再到追忆长征中因严寒而牺牲的"军需处长",观众的情绪始终被节奏带着走,并逐渐升华。

黄楚新谈到,随着剧情逐渐推进,观众跟随着镜头探寻背后的故事,当画面转变成为战场时,观众才恍然大悟,不禁潸然泪下。这些铺垫与转折,触发了观众对于革命故事和革命精神的强烈共鸣。

《在场》虽是一部微电影，时长虽仅有7分钟多，但"微"言大义。

视频"串起"对中国共产党成立百年以来为民族独立、人民解放和国家富强、人民幸福而奋斗、牺牲的中国共产党员的致敬；对革命先辈看一眼"如你所愿的盛世中国"的回响；以及对建党百年以来中国从站起来，到富起来，再到强起来的伟大成就的赞美。

讲好故事、创新方法，打造优秀作品

"无视频，不新闻"，做短视频正成为媒体的标配，而做好短视频对主流媒体而言是使命和责任。其中的"好"蕴含了正能量的要求，讲好故事的期许。

主流媒体如何生产出更多有思想、有温度、有品质，而非娱乐化，且用户喜闻乐见的短视频，给网络空间源源不断输送积极向上、正面阳光、凝聚共识的空气、养料？

《在场》微电影成为爆款并出圈，或许能提供几点启示。

一是，兼顾内容与技术的平衡，切忌走向过度娱乐化。

娱乐内容正在不断地攻占手机，成为用户"杀时间"的利器。但移动互联网时代，用户更需要突破娱乐内容构建的"信息茧房"，获取有价值、有内涵的内容。这是主流媒体做短视频的方向。

《在场》微电影虽是主题宣传微电影，但是没有宏大叙事,没有华丽的口号,更没有迎合大众化、娱乐化审美的姿态,用一帧帧平静、舒缓、连贯的场景,扣人心弦的情节,打动观众,将致敬建党百年的主题思想融入故事,如涓涓细流入脑入心。

黄楚新提醒,主流媒体打造短视频不要"为创新而创新",走向过度娱乐化,导致重大主题宣传意义和严肃性的消解,偏离主题思想;要平衡好作品的趣味性和严肃性,兼顾技术与内容,始终坚持好正确政治方向。

二是,选好故事素材,提高讲故事能力,"润物细无声"。

传媒茶话会了解到,《在场》微电影,全网(包含媒体、自媒体)有超1730多篇文章转发;该片仅在人民日报微博上播放量就超623万次,转评赞总数达5.7万。

这种自发传播效果从根本上而言是对好故事的认可和支持。

黄楚新对传媒茶话会讲道,主流媒体要炼就一双"火眼金睛",甄别、选取好的故事素材,并深刻理解当前新的传播规律,创新语态和表达,用群众喜闻乐见的方式,鲜活、生动地讲述经典故事、呈现红色文化,触达人民内心,凝聚强大精神力量。

《在场》用一个小故事,回溯历史、讲述现实,开启了一场当代人与先辈跨越时空的对话,为传承红色故事精神,汲取正能量提供一泓清泉。

三是,发挥优势、转化思维,深化短视频创作的合作机制。

如今,主流媒体+互联网平台的合作越来越常态化。《在场》微电影由人民日报新媒体和腾讯影业联合打造,双方的合作可以实现内容与技术等方面的优势互补。

付晓光建议，主流媒体在打造短视频时，要发挥精准站位、内容制作、把关能力、资源等方面的优势，同时要转换思维，深化对网络传播环境的理解，提升运营能力，在不断的创新过程中试错、磨合，总结经验，找到自己的位置。

加快推进媒体深度融合发展，全面挺进主战场，占领新兴传播阵地，已成为主流媒体当下最紧迫的使命。人民日报与腾讯联合推出《在场》微电影，反映的是主流媒体以互联网思维优化资源配置，加强与网络平台的合作，向互联网主阵地汇集、向移动端倾斜，用精品内容赢得用户、赢得未来的生动实践。

全网传播量超45亿次,看这档融媒体栏目如何破圈?

本文首发于2021年1月27日
作者:李磊

2021年1月23日,腾讯音乐娱乐集团举办的第二届腾讯音乐娱乐盛典颁发了多个兼具引领性、权威性、公正性的音乐专业奖项。其中,新华社声音融媒体栏目"声在中国"专辑斩获"年度最佳公益专辑"奖项。

截至目前,"声在中国"融媒体创意栏目在社交平台覆盖全网7.8亿用户,总计全网曝光量45亿次。不仅如此,"声在中国"还成功圈粉无数年轻人,引得青年群体的点赞、转发、分享。

"声在中国"是如何跨界、破圈,并实现传播力与社会影响力统一的?

带着这一问题，传媒茶话会对话中国记协书记处原书记顾勇华，中国社会科学院新媒体研究中心副主任兼秘书长、研究员黄楚新，中国传媒大学政府与公共事务学院副教授罗霆。

主流媒体＋头部平台，探索媒体融合新样态

自媒体融合上升为国家战略以来，如何推进传统媒体与新兴媒体的融合发展成为摆在传统主流媒体面前的重要课题。深化媒体融合，须从技术革命、传媒业态、总体布局中把握时代大势，把握"新"的媒体基因。

2019年，为了献礼新中国成立70周年华诞，新华社联合腾讯集团推出"声在中国"大型融媒体栏目。通过邀请乔羽、李海鹰、廖昌永、雷佳、谭维维、胡彦斌、迪丽热巴、创造101、创造营等音乐人参与，用8首原创爱国音乐、7个纪实故事片和1张红胶唱片的形式，"声在中国"挖掘音乐作品及多种声音背后的故事，生动形象地展现了70年来国情民生的巨大变迁，并后续形成一系列"刷屏之作"，尤其是2019年9月17日在国家大剧院举行的"七彩华夏·声在中国"音乐汇，让大型线下主旋律音乐会实现"破圈"。

与此同时，该音乐会上进行的"声在中国"原创音乐专辑红胶唱片收藏仪式和"中国韵"非遗音乐传承计划启动仪式，不仅将爱国原创音乐经典化，还广泛面向音乐人征集作品，体现了新华社积极承担主流媒体的社会责任与使命。在2020年春节、战疫等重大节点，"声在中国"融入新元素，持续加大

融合创新，社会价值和影响力不断扩大。

作为大型融媒体创意音乐栏目，"声在中国"融合国家通讯社与头部网络平台的力量，以网络音乐为载体，传播好故事、正能量，实现了传媒业态的融合，具有鲜明的创新性。

顾勇华认为，新华社联合腾讯打造的这一音乐栏目，既可以发挥新华社的权威性、公信力、资源优势，又能发挥腾讯的全媒体渠道优势，以及互动、参与性特征。两者的优势互补、合作协同，可以确保优质内容与高效传播力的统一。

罗霆表达了相同看法，他谈道，"新华社联合腾讯以歌曲这种文艺手段为表达形式，推出融媒体音乐产品，是新华社丰富媒体表达形式的新尝试，可以实现双方的合作共赢，扩大传播效果"。

此外，从技术上看，"声在中国"这样的融媒体栏目，未来通过与人工智能技术的融合，还可以扩大渠道覆盖的想象力，更快贴近受众，有助于开拓广阔的视听市场空间，实现破圈传播。

精心策划＋优质内容，以声为媒讲述好故事

新媒体时代，好的融媒体作品是精美策划与优质内容的统一。

"声在中国"的精美策划体现在两个方面。

一是，打破传统媒体以图文为主的表达边界，尝试声音"新玩法"。

二是，融合视听两大传播介质，以音乐短视频作为载体讴歌新时代，传播正能量。

好的策划与内容还需要合适的传播载体。黄楚新分析认为，音乐作为跨越年龄、性别、种族、行业，接受门槛低、影响力广、深入人心的形式，历来都是记录时代、表达情感最好的方式之一。

与此同时，网络音乐具有庞大的受众规模，新华社以声音为媒，瞄准庞大的受众群体市场，追求传播上的突破和影响力的创新。

优秀的作词、作曲、演唱团队，也保证了"声在中国"的内容质量。李文贤、龚淑均都是具有知名度和丰富创作经验的词作者；陈国华、闻震等作曲者都是圈内知名的音乐制作人；谭维维、胡彦斌、廖昌永等演唱者都是华语乐坛中坚力量、当红明星、正能量歌者。

"声在中国"打造的8首原创爱国歌曲，情感丰沛，朗朗上口，一经上线便在QQ音乐等平台上引发现象级传播。其中，以蓝色为主题色的《无限》和以黄色为主题色的《你是我的英雄》亮相2020年春晚舞台，在动情描绘中华民族和年轻人未来的同时，致敬每一位平凡的追梦人。

故事最能打动人心，"声在中国"背后承载的是鲜活的故事。"声在中国"在主题音乐背景下，拍摄了主打宣传片和多集人物纪实纪录片，讲述消防员、火箭工程师、C919试飞员、女子速滑世界冠军、92岁抗战老兵、塞罕坝护林员等行业群体的奋斗故事。

在融合视听两大传播介质领域，除了网络音乐外，"声在中国"还结合当下流行的游戏、直播等形式，做出了不少创新。

2020年5月8日，"声在中国"携手腾讯光子工作室对重庆市彭水县开展扶贫专场直播，推出联名T恤等文创产品及彭水县特色农副产品，通过公益售卖的形式助力扶贫，实现超过5000万人同时在线，2000多万人为直播点赞。

"声在中国"还联合国务院扶贫办、腾讯光子工作室策划扶贫主题曲《不屈的信仰》，面向游戏年轻群体普及脱贫攻坚这一重大国家政策，目前游戏内车载音乐平均单日播放1.6亿次。

"好的融媒体作品应满足内容有深度、形式有创新、情感有共鸣这三条标准。这是媒体打造既有传播力又有社会影响力的好作品的努力方向。"黄楚新告诉传媒茶话会，"声在中国"系列歌曲中所串起的国家重大成就和动人平凡故事，带给观众最真实的情感体验，达到入耳、入眼、入脑、入心的传播效果。

罗霆也认为，好的融媒体作品应该有明确的定位，面向精准用户，找到媒体传播诉求与用户需求的契合点，这样的作品才能有吸引力，用户才能想看、爱看。

全媒体传播+互动参与，精品内容赢得年轻受众

新媒体时代，优质的内容还需要匹配全媒体的传播渠道。同时，还要激发用户参与、互动，让内容动起来、活起来。

"声在中国"的声量不仅在新华社、腾讯及其他媒体平台上扩宽传播广度，维持传播热度，还登录QQ音乐、酷狗音乐等互联网音乐平台延伸主旋律音乐的传播触角。同时，"声在中国"还发力线下渠道，在全国以北京站为代表的64个地标性建筑大屏上线，千余中屏幕同时推送，拥有充足的线下曝光度。

"声在中国"也极具互动参与性。歌曲正式上线前在全媒体平台进行预热，通过回忆经典歌曲，征集用户与声音的故事唤起网民关注，还邀请明星在微博等平台上助力，打造全民热点。

互联网是年轻人的聚集地，网络传播时代主流媒体必须向互联网主阵地汇集、向移动端倾斜，占领主阵地，赢得年轻受众。"声在中国"也为传统主流媒体如何获取年轻用户提供了示范。

顾勇华谈道，传统主流媒体要想赢得年轻用户，必须了解他们的需求，研究他们的所思所想，传播需要适应短平快的节奏，身段要"下沉"、接地气，用优秀的作品、动人的故事圈粉年轻人。"声在中国"以唱的形式传播优秀文化，弘扬主旋律，不仅内容好，而且生动、有趣，对年轻人有吸引力，这种创新值得肯定。

年轻人爱听音乐，喜欢追星，乐于分享。《声在中国》选择音乐短视频这种年轻人喜闻乐见的形式，选取深受年轻人喜爱的歌手、演员倾情演唱，用音乐打动年轻受众，引发传播热潮。

黄楚新指出，新华社做音乐这一创新破圈的尝试，也打破了年轻受众对于新华社的严肃的固有印象，有助于新华社赢得更多年轻用户的关注。

除了音乐短视频，"声在中国"还联合"和平精英"等腾讯系产品，共同打造了一款创意互动H5《了不起的小心愿》，用户参与超过5300万次。该H5以许愿为主题，内含视频、音乐、小游戏、许愿留言等要素，将宏大主题蕴于趣味轻互动中，推动主旋律音乐在年轻人二次元群体"破壁"和生根。

传媒茶话会了解到，为了打造面向年轻人的亲近性传播，除了"声在中国"融媒体创意作品以外，2020年，新华社全媒编辑中心还与QQ飞车合作，将扶贫主题与游戏元素结合，制作"一路向黔"扶贫主题赛道，将贵州人文历史、自然景观和高科技融入游戏画面，描绘出贵州脱贫攻坚的生动画卷，并结合新华社《国家相册》《声在中国》等主题元素，让无数用户在指尖化作了贵州人民脱贫梦想的见证者。

短短的赛道迸发出火热的参与热情，赛道上线不到一个月已跑4亿多次，平均每天用户在赛道上跑整整1657万分钟。与此同时，新华社全媒编辑中心与QQ飞车还发起"全民加速奔小康"活动，在一场扶贫传播活动的周期内，获得了最多的用户对脱贫攻坚斗争的承诺，这一数据也成功创造了一项新的吉尼斯世界纪录。

黄楚新认为，传统主流媒体要赢得年轻受众，必须在坚守内容品质的前提下，做到三"新"——传播观念革新、传播内容更新和传播形式创新。具体而言就是：要主动拥抱年轻受众,了解他们的兴趣所在;在内容生产时选择合适的报道角度,以更开阔的视野关注年轻受众感兴趣的热点话题;将优秀创意与前沿技术相结合,打造精品内容。

新华社"声在中国"项目,在这三点上都有着崭新尝试和全面探索,未来在声音全媒化、传输高清化、渠道多样化的全媒体时代,期待更多像"声在中国"这样的爆款主流融媒体栏目能够实现破圈发展、蓬勃生长。

《我怎么这么好看》《唐宫夜宴》火出圈，爆款创作密码是什么？

本文首发于2021年3月26日
作者：李磊 陈莹

2021年3月21日，《我怎么这么好看》音乐视频火了！

这款由四川日报·川观新闻联合四川省文物考古研究院、三星堆博物馆推出的音乐视频，以三星堆最新出土文物为创作背景，将传统文化与流行音乐巧妙结合，让万千网友听完为之上头。

这与一个月前，河南广播电视台春晚舞蹈节目《唐宫夜宴》的火爆颇有异曲同工之妙。

文物+电音、文物+舞蹈……包裹着传统文化的融媒内容相继出圈，成为2021年开年以来风靡全网的文化现象，传统文化与当代表达的融合，这种成功模式一再被印证。

《我怎么这么好看》《唐宫夜宴》火出圈,爆款创作密码是什么?

两大爆款的破圈传播密码是什么?

就此,传媒茶话会对话四川日报报业集团编委、川观新闻首席内容官钟莉,河南广播电视台2021年春晚总导演陈雷。

优质内容是破圈的内核

"铜轮五分是我太阳形器"

"火锅吃吗带我三足炊器"

"哎呀火啦火啦哪个办"

……

歌词融合文物、火锅、方言,曲子欢快、动感,这样的音乐视频,让人听完很难不上头。

钟莉谈道,三星堆的遥远神秘,本身就很吸引人,这是整个产品的基础。此次三星堆新出土的文物惊艳世界,对其进行报道是川观新闻职责,这也为《我怎么这么好看》音乐视频的创作提供了源头活水。

长期以来,川观新闻一直注重原创,在原创内容生产上花了很大力气。

2017年,四川日报·川观新闻的音乐视频作品《有一个地方妙不可言》,对生态环保的创新宣传方式,得到《人民日报》一版点赞。《生僻字》(四川版)也在四川传唱一时。

"此次三星堆的报道,我们就想到让文物'活'起来,组建乐队,开口'唱歌',把严肃的文博内容'掰开揉碎',融入上口的歌词与'上头'的旋律中。"

在获得《我怎么这么好看》原唱大张伟和版权方同意的情况下，川观新闻对《我怎么这么好看》这首歌，进行了除作曲以外的改编、再创作。

视频组根据歌词和前期创意准备，分头制作动画和实景部分；策划师改歌词，用了两天时间改编并定版歌词；唱歌组反复试唱、修改，直到调整出最上口的版本；一周内策划师几乎一直坐在剪辑师的背后，随时同步想法、修改。

提前策划、专业队伍、分工明确，保证了音乐视频的创作质量。《我怎么这么好看》一出场就深得受众喜爱，引得转发、点赞热潮。

截至发稿，《我怎么这么好看》全网曝光量已超5亿，音乐视频被新华社、人民日报、中央广播电视总台、共青团中央等数百家媒体、机构官方微博、微信转载。

如果说《我这么这么好看》是用流行歌曲演绎国宝文物，《唐宫夜宴》就是用现代电视文艺创作手法包装传统舞蹈。

"《唐宫夜宴》火了之前我都不知道'破圈'这个词。"时隔1个半月，陈雷复盘这台具有鲜明河南文化烙印的春节晚会，有四点令他感触最深。

"用户对传统文化超乎预期的热忱；找到电视内容与艺

表现手法的最佳融合;打造《唐宫夜宴》IP、话题热度持续增强;融媒内容搭建起与用户超强互动的桥梁。"

从大年初一登上河南卫视春晚舞台,到大年初三,《唐宫夜宴》仅在抖音上的播放量就达4亿多。《唐宫夜宴》同名话题在2021年2月12日一度冲到微博热搜榜第二位,截至2月17日24时,河南春晚的相关话题阅读、视频观看量超27亿次。

精品的内容加上专业的编排手法,是《唐宫夜宴》飞出中原大地的一双翅膀。

据陈雷介绍,《唐宫夜宴》是第十二届中国舞蹈荷花奖中的参赛作品,本身就是舞蹈精品。把《唐宫夜宴》搬上春晚,河南广播电视台也下了大力气。

一是,以电视文艺的标准进行二次创作,包括对画面、视觉进行全方位包装。

二是,融合艺术表现手法,融入大量传统文化,加上年轻人喜欢的元素,形成用户自发的强烈"安利"和艺术讨论。

年轻态叙事是破圈的外壳

年轻人已成为移动互联网时代信息消费的主力。传统主流媒体传播活动的破圈,其实质就是打破官媒严肃、不接地气的刻板印象,以更加新颖活泼的形式,打破次元壁垒,吸引更多年轻一代,赢得年轻用户。

3D、AR、弹幕……出圈的文化内容无一不是炫酷新潮的。电音、说唱、动漫……赢得年轻用户喜欢的破圈产品,无一不是先从新颖的表现形式和年轻态表达风格上打动他们。

首先，从表达形式上看，《我怎么这么好看》以音乐视频为载体，将传统文化与流行音乐相结合。《唐宫夜宴》则采用了AR（增强现实）技术，融合虚拟场景和现实舞台，打造现代舞台剧，通过现代技术演绎传统文化。

钟莉讲道，音乐视频是接受度和传播度都高的流行形式，尤其深受年轻人的喜爱。基于以往的成功经验，此次三星堆的报道，四川日报·川观新闻也很自然想到要用音乐视频的表达形式。

陈雷谈道，《唐宫夜宴》的诉求很简单，就是让国宝活起来。舞者俏皮灵动的舞姿、国宝国潮的融入、虚实相接的舞台科技，拉近了当代观众与历史的距离，让传统文化焕发出新的活力。

其次，从年轻态表达风格上看，《我怎么这么好看》不走宏大叙事、说教风格，而是突出细节、讲故事。《唐宫夜宴》则用动感、时尚感、国潮风的舞台风格，紧贴年轻人的审美。

"凸眼　大耳"的是纵目面具，"铜轮　五分"的是太阳形器，然后不断重复"挖挖挖、挖挖挖"。《我怎么这么好看》的歌词不讲硬干货，而从文物细节入手，将三星堆文物的特点、亮点再"提亮"并进行艺术化"放大"。

钟莉认为，这样"洗脑式"的歌词，让受众在观看过程中对以三星堆为代表的中华文明有了更深的了解。

三星堆新出土文物，充满严肃性，具有厚重历史感，"嫁接"上看似格调不搭的曲调，产生了奇妙反应，反差越大，戏剧性越强。

"好酷！""大型蹦迪现场""以为是哪家二次元又出动画

了""不像是党媒做出来的",在音乐视频下面的评论区,网友给出了这样的评论。

"我们认为要赢得年轻人的心,主流媒体的人文报道也要选择更年轻化的表达方式和视觉语言。"正如钟莉所说,《我怎么这么好看》音乐视频缩短了媒体与网友的距离,也拉近了严肃的文博报道与年轻人的距离。

陈雷并不讳言,河南广播电视台牛年春晚策划时,就是奔着吸引年轻观众去的,不仅融入"国宝、国风、国潮"三个元素,以国宝带动国风、国风引流国潮,还考虑到与年轻人喜欢的动感、时尚感、浓烈艺术色彩相结合。

《唐宫夜宴》这支舞蹈,以及此后围绕"唐宫小姐姐"的各种碎片化内容构成的融媒体产品,表达方式新颖、传播渠道年轻化,已经超出纯粹视听节目的范畴,破圈效果进一步扩大。

如何创作年轻态融媒体产品?

移动互联网时代是信息泛滥的时代,也是注意力稀缺的时代。融媒体产品要想赢得年轻受众的喜好与分享,必须出场就惊艳,能够瞬间吸引眼球。这就要求作品必须好看、好听、好玩,易于传播。

通过《我怎么这么好看》《唐宫夜宴》两部作品,钟莉和陈雷也分享了年轻态融媒体产品的创作密码。

《我怎么这么好看》以国宝三星堆文物为基础元素,以深受年轻人喜欢的大张伟曲风为载体,巧妙地将古典美与现代美相结合,"带节奏"、喜感、活泼的表达方式瞬间击中年轻人。

钟莉认为,年轻人是识货的,主流媒体要想赢得年轻受众,必须注重原创,适配流行的语境,融入娱乐元素,打造流行的爆款产品。

一是,创作团队要喜欢、热爱创作。"你喜欢它,你会费尽心思把它做得很好看,做成你心目中它'好看耐看'的样子。"

二是,以当下流行的玩法为创意点。除了音乐视频,四川日报·川观新闻还策划上线了三星堆金面具P图大赛、会读心术的摇钱H5游戏,引发网民广泛参与和分享。

正如陈雷所说,《唐宫夜宴》这支舞蹈单独看有其韵味,但放在整场春晚语境里又有不一样的味道,"我们最朴素的想法就是让文化活起来,把节目做生动,并且,无意间找到了传统文化与社会主义核心价值观的最佳结合方式"。

这种结合方式就是突破文化综艺在知识和专业上的壁垒,由单向灌输式输出改为多角度互动式传播,将传统文化包裹于娱乐化表达之中。

复盘《唐宫夜宴》和春晚的出圈经验,陈雷称关键在于把握住了这个时代文化节目的内核——"用历史包裹文化,用文化解读中国梦"。

具体来说,一是立足传统文化;二是了解用户心理、喜好、需求,触达用户的共情点;三是了解市场,洞察时代需求;四是高站位、接地气,用讲故事的方法加工内容;五是具备创新精神,心怀热爱、脚踏实地创新。

现"象"级传播：如何激发外媒点赞中国的内生动力？

本文首发于2021年6月13日
作者：李磊　叶莉

万万没想到，一群萌化、憨态可掬，迁徙途中干了很多"坏事"的大象，居然火出国门！BBC、CNN、华盛顿邮报等国外媒体也争相报道，并盛赞中国保护动物给力。一群大象成功吸睛外媒，并成为讲好中国故事的主角。

云南大象出圈的原因有哪些？还有哪些议题是讲好中国故事的好素材？如何激发国际媒体点赞中国的内生动力？

2021年6月11日，传媒茶话会对话中国记协书记处原书记顾勇华，某央媒负责人，香港大公报有关负责人，香港商报社社长助理、北京办事处主任林彬彬，中国传媒大学政府与公共事务学院副院长周亭教授，某央媒驻外记者。

云南象群何以成为中国形象宣传的主角？

CNN、BBC、美联社、泰晤士报、华盛顿邮报、日本的朝日新闻等国际媒体都对云南大象迁移进行了跟踪式的报道。画风轻松活泼，内容客观真实，让国内用户大呼外媒报道中国的"画风"变了。

比如日本的朝日新闻，全程回顾大象迁徙。TBS电视台甚至拿出半个小时搞了个专辑。节目介绍了昆明到底是个怎样的城市、中国的动物保护政策，活脱脱一个大型中国形象宣传片。

2021年6月2日、6月4日，BBC连发3篇关于中国大象的报道，提到了当地政府和人民不干扰大象行进的做法。甚至引用了中国网友的调侃："它们是去昆明参加联合国《生物多样性公约》第十五次缔约方大会（COP15），然而大象记错了日期，来早了。"

一群迁徙的大象为何能成为中国形象宣传片的主角？

顾勇华认为有两方面的原因。

一是，生态环境保护、物种多样性，是人类社会关注的共同话题，云南大象迁徙事件契合这一主题，也是外媒报道的领域。

二是，大象走出活动范围，成群结队地迁徙，事件本身很奇特。迁徙过程中发生一些事，比如"小象挤在大象中间睡觉"的美好画面，喝水时可爱的样子，迁徙时穿越城镇、公路如入无人之境的架势，让整个事件充满趣味和新闻点。

"掉进沟里被妈妈拱出来的呆萌，吃吃喝喝毫不客气的态度,全家人齐齐整整躺平的姿势。"周亭也认为,大象迁徙途中的细节,都在媒体和受众感兴趣的点上。

当地政府、民众积极行动,为大象迁徙提供支持、服务,也向外界展现了保护动物,充满爱心,追求人与自然和谐的中国形象。

香港大公报有关负责人谈到,云南当地政府花了很大气力跟踪和保护象群,比如,出动一支由360人、76辆汽车和9架无人机组成的工作队;在预警机制上,省、市、县、乡、村五级协同预判预警,力求将大象对民众生活和生产的影响降至最低。从有关报道细节可见,外媒以极其认真的态度审视中国野生保育工作水平,重新认识中国。

"外媒和外国受众不仅看到了大象的跋涉,更看到了友善的中国民众、负责任的中国政府、充满爱心的民间机构,这些客观记录的画面告诉世界,原来中国云南这么美,原来大象如此被呵护,令世界眼前一亮,这是一种不经意之间的好感传播。"某央媒驻外记者告诉传媒茶话会。

林彬彬讲道,"一路象北"打动外国人的,其实正是中国及云南各方面处理大象迁徙过程中的事情时所展示出的环保意识,非常符合人类的发展方向。保护、尊重动物与保护环境、关注气候变化一样，早已成为贯之西方文明多年，甚至成为他们价值观叙事的主轴。中国在这方面做得让世界为之惊叹、赞许。

现"象"级传播带来哪些启示？

云南大象迁徙，外媒报道立场客观公正，没有戴上意识形态的有色眼镜，曲解、妖魔化中国。

在周亭看来，"这确实是很长一段时间以来，西方媒体涉华报道态度最友好的一次，也是难得的几乎没有被外媒政治化的事件。"

透过现象，云南大象迁徙取得良好的国际传播效果，为讲好中国故事，展示真实、立体、全面的中国提供了哪些启示？

某央媒负责人表示，此次事实证明，生态自然、动物保护这类选题是可以赢得外界关注的。这次大象北迁传播案例告诉我们，讲中国故事的时候，要把故事的发掘面变得更广一些。公益、环保、地方风俗文化以及能引起全世界年轻人共鸣的动漫，都可以考虑。

香港大公报相关负责人发表了相似的看法，他认为，讲好中国故事，无论是传统媒体，还是新媒体，还是要从直抵人心的故事出发，通过故事与读者产生共情共鸣。比如这次云南大象的报道，通过大象这个具体、特殊的群体，不经意地向世界展示了中国保护环境、保护动物的态度，这是中国文明标准不断提升的最佳体现。所以，要向境外媒体讲好中国故事，我们必须让宣传软着陆，多寻找、放大报道"大象旅行团"这类题材。

如何讲好中国故事，周亭从讲故事的主体、态度、形式上给出三点建议。

从讲故事的主体来说，并不是只有中国政府和媒体才能讲故事，基层的民警、普通的群众甚至大象都可以成为中国故事的载体。

从讲故事的态度来说，要秉持开放而自信的姿态，去展示真实的、原生态的面貌，既不刻意拔高也不妄自菲薄，把评价的权力交给受众。

从故事的形式来说，要多顺应媒体发展的趋势，采用海外公众听得懂的话语方式，如视频、慢直播等诉诸画面而不是诉诸语言的叙事引发受众自发的兴趣，避免产生跨文化传播的歧义。

某央媒驻外记者表示，这次传播对中国媒体的启示就是以小见大，以情动人。这告诉国内媒体要努力挖掘中国故事和中国文化中可信、可爱、可敬，让人感动、叹息、大笑、哭泣等人类共情的点，把中国努力向前的每一步，化为一个个真实动人的故事，不刻意堆砌数据，而是仿佛外国受众就在眼前，慢慢地想把我说给你听，才能打动人心。

如何激发国际媒体点赞中国的内生动力？

讲好中国故事，需要好的故事素材，需要激发外媒点赞中国的原生动力。

好的素材具备哪些特征？

"人与自然共融并生的议题在相关报道中获得更多人关注，这是西方喜闻乐见的，外媒以具建设性的方式报道云南象群动向，为中国循循善诱的做法点赞。"香港大公报相关负责人认为，可见只要是符合共同追求、共同理想的议题，中国与西方之间可以做到互敬互重，互相勉励。

某央媒驻外记者告诉传媒茶话会，从这次大象迁徙的传播中可以发现充满人文色彩、文化色彩，饱含人类共同美好情感、让人快乐的这些题材会受到外国受众的关注，也是外媒比较乐意报道的。报道中，中国的自信与大气，中国人民对美好生活的追求以及对传统文化的热爱，会分外打动外国受众。

顾勇华认为，人类面临的共同问题，比如，减贫、环保、生态文明建设，中国做得好、取得显著成果的事情，就会引发外媒报道和"点赞"。

以脱贫攻坚为例，外媒普遍认为，中国的脱贫成就令人瞩目，为全球减贫事业做出重要贡献，中国特色减贫道路更为破解现代国家治理难题提供宝贵借鉴。

"不管是古老还是当代的，特色还是普遍的，涉及经济社会还是人与文化的，只要能够在价值观上产生共鸣，在故事中引发共情，就比较容易吸引外媒的主动报道和客观报道。"周亭谈道。

哪些中国元素是讲好中国故事的素材？

在林彬彬看来，中国的传统文化、具有中国标签的特色名片，是讲好中国故事、代表中国形象的"代言人"。

首先，外媒客观、正面的新闻报道多集中于中国的传统文化，它能够反映中国人的民族特质和风貌，是能够讲好中国故事的一个重要领域。

其次，自然山水、饮食、大熊猫、景德镇、孔子、兵马俑、少林寺等传统名片，和随着中国科技和互联网迅猛发展而崛起的新国潮、新名片，如大飞机、高铁、新能源、华为等也成为外媒心目中的中国新名片，其一举一动都备受关注。

传媒茶话会了解到，此前有研究证明，中国传统文化的独特魅力对外媒具有较强的吸引力，因此外媒对中国饮食、民间艺术等不遗余力地褒扬。李子柒"中国田园式生活"的海外超高播放量、BBC纪录片《杜甫》的走红、《舌尖上的中国》海外热播就是典型案例。

做好对外传播，讲好中国故事，也需要借助外媒的力量。激发外媒讲述真实、全面、立体的中国，并为中国点赞，中国媒体如何作为？

香港大公报相关负责人认为，作为中国媒体，政治方面，除了准确报道中央精神、传达中央声音外，还需要更精准地解读中央的政策，让世界能够了解这些政策出台的背景和意图。此外，除了政治议题，中国媒体更需要的是充分报道能够展示中国新时代新形象的非政治类题材，以更广、更深、更独特的视角来让世界客观认识中国。

周亭指出，中国的媒体可以寻求与境外对中国较为友好或者态度客观的媒体建立长期联系，通过共同策划报道、联合采访、在双方国家落地传播等方式增加中国故事的能见度，提高中国形象的好感度。

爆款新闻短视频频出，青蜂侠有何妙招？

本文首发于2020年4月16日
作者：叶莉

2020年1月，新冠疫情发生后，青蜂侠随即全力投入疫情防控阻击战报道中，一周7天，每天24小时，从ICU到火神山工地，从方舱医院到社区防控……青蜂侠聚焦疫情防控一线。

其中，新闻短视频《齐鲁！华西！两大精锐"军团"武汉相遇，双方隔空喊话相互致意》在所有分发平台上总播放量达5700万次。"西藏女孩雪山顶上找网上课"，在网上形成持续的热点，所有分发平台总计播放量超过4000万次。

作为中国青年报、中国青年网的新闻短视频团队，青蜂侠为何能频出爆款？做好新闻短视频，青蜂侠有何妙招？未来又将如何发展？传媒茶话会对话青蜂侠的创始人、负责人，中国青年网副总编辑王海。

从"青独家"到"青蜂侠"

据统计，2020年新冠疫情发生至2020年4月初，青蜂侠共采访及制作发布战疫新闻短视频3800余条，相继发布在企鹅号、百家号、头条号、秒拍、微博、哔哩哔哩等各平台上以及中国青年网、中国青年报客户端等自有端口上，总播放量超70亿次。

点击量这么高，让人不禁好奇青蜂侠究竟拥有一个怎样的团队。

2017年，青蜂侠由中国青年网新闻采编中心"青独家"团队转化而来，青蜂侠之"青"，指"言青年之志，力青年之行"。经过两年多的发展，团队由最初新闻采编中心的两三个人兼职发展成为网站一个中心级设置的重要内容生产部门——短视频新闻资讯中心，班底既有调查记者也有夜班编辑。

王海谈道："当时梨视频横空出世，澎湃视频、时间视频、我们视频如雨后春笋，兄弟网站未来网又推出了燃新闻视频，影响都很大。我们认识到视频化将是重要趋势，加上PC端图文产品阅读量断崖式下跌，于是，基于'无传播，毋宁死'的理念，我们开始尝试转型新闻短视频。"

起步之初，青蜂侠的新闻短视频都是由编辑、记者在正常工作以外加班生产的。

"2017年5月20日，我们开通了账号，5月22日发布第一条新闻短视频。大概不到一个月就出现了百万级播放的产品，如《大连森林动物园大妈薅骆驼毛 专家：骆驼会着凉生病》《河南焦作某公园内"群鱼乱跳" 地震？漏电？官方回应：音响震的》。"王海表示，当时青蜂侠大多是找有趣的话题素材，通过采访得出反差，取得了较好传播。

随后，青蜂侠又参与了一系列重大主题报道，如党的十九大、全国两会、共青团十八大以及G20峰会、进博会、互联网大会等。

在党的十九大报道中，青蜂侠采制的基层代表闫文静的独家短视频报道，自有平台总播放量达300万次；采制的台湾籍党代表卢丽安的独家短视频报道，自有平台总播放量超200万次。

王海说："采访、核实，确保真实以及信息增量，是青蜂侠日常制作短视频的必需环节，也是备受平台青睐的重要原因。"于是，凭借着扎实的采访功底、过硬的突破能力、优秀的记者队伍，青蜂侠频出爆款新闻短视频。

2020年1月20日，朝阳医院眼科医生陶勇被袭，青蜂侠第一时间赶赴现场，并独家拍摄到同事赶来接替陶勇看病的珍贵视频画面，微博话题"同事接替陶勇医生看病"居热搜第一位，总阅读量达到8.1亿次。

王海透露，当天在几乎所有媒体被劝离后，青蜂侠仍坚守现场暗拍，才有了这条独家正能量报道，这为当天灰色的舆论场增加了暖色，也为不少网友重拾了对医患关系的信心。

升级"融媒云厨",全员"饱和式生产"

青蜂侠快速发展的背后离不开报社内部的融合。

2019年,中国青年网和中国青年报正式融合,青蜂侠成为中国青年报的新闻短视频品牌。

王海说:"青蜂侠是中央重点新闻网站的短视频品牌,也是团中央机关报的短视频品牌。在具有中青报特色的'中央厨房'——融媒小厨机制下,青蜂侠作为整个中国青年报社新闻短视频加工和分发的枢纽平台,报道现场到达率得到极大提升。所有重大新闻现场,包括香港'修例风波'、国庆阅兵、'胖五'发射、杉木树煤矿透水事故救援、中卫沙漠污染、武汉战疫前线,以及西昌大火扑救,青蜂侠都在现场。"

同时,青蜂侠也是中国青年报社"两把锤子自我革命"媒体融合战略中"举起有思想的'视觉锤'"的实践项目之一。

王海表示,举起有思想的"视觉锤",要求"青年关注,关注青年",通过"以小见大、见微知著",用心找到"理性""温暖""向上向善""维权"等"钉子",用心、用情、用力、一锤一锤、不辞辛苦地砸下去,才能不断实现价值突破和内容创新。

除了内部融合,全员"饱和式生产"也促进了青蜂侠的发展。

"'饱和式生产'是适应互联网传播去中心化趋势的要求,也就是从以媒体为中心转变为以事件为中心,以端口为中心转变为以平台为中心。新闻生产不再受自有端口需求的限制,没有版面、条数制约,一切以事件为中心,一切以网民的信息需求为中心,一切以主责主业的要求为中心,做到'24小时青蜂侠'。"王海说道。

比如,2020年4月4日清明节之际,围绕疫情悼念活动和群众哀思,青蜂侠全员加班,对接报社赴天安门升旗仪式现场、武汉悼念活动现场的前方记者及其他各记者站记者,共采制近30条短视频新闻,并推出了《车船鸣笛、行人驻足!这一刻,武汉全城下半旗共寄哀思》《全中国默哀三分钟:行人止步车辆鸣笛,国旗为他们而降》等综合混剪视频作品。

王海认为,实现"饱和式生产",对团队有两个最基本的要求:一是"7×24"小时工作制常态化,二是报端网力量和采编制流程一体化。

"针对第一点,青蜂侠诞生两年半以来,全天候运行,没有停止过一分钟,做到了三秒钟起反应,三分钟出策划,三十分钟出作品,团队战斗力和敬业精神赢得公认;针对第二点,具有中青报特色的'融媒小厨'已经升级为'融媒云厨'。而青蜂侠就是'云厨'中一次采集、多种生成的短视频部分。"

王海补充道,"云厨"之下,青蜂侠并非仅仅是实体上的青蜂侠团队,而是整个报社短视频素材精品转化的枢纽,是前方采集素材的短视频生成和分发平台。全报社各采编部门以及境内外所有记者人人都是青蜂侠。报社联系和共建校媒联盟、高校短视频实训基地、高校融媒体工作室、大学生通讯社等的,同样也都是青蜂侠。

据了解,2019年青蜂侠各平台自有账号播放总量达295

亿次，日均播放量达8000万次，日均留言数超10万条，日均点赞量超20万次。各个账号上，播放次数千万级的共91条，百万级的超3000条。

未来，全面激活UGC

靠着优质的团队和"饱和式生产"的工作机制，青蜂侠在频出爆款新闻短视频的同时，也面临着挑战。

"现在，青蜂侠站到了新闻短视频品类的前列，但'不日新者必日退'，况且青蜂侠并没有立起多高的竞争门槛，现有的队伍和品类建设仍在探索，尤其是团媒属性赋予了青蜂侠艰巨紧迫的使命任务。"

王海说，青蜂侠既要守正创新，守"主责主业"之正，又要创"内容传播"之新，发力增强权威性、服务性和不可替代的鲜明青年特色，努力去做最有品质的价值精品、最有品格的青春学堂、最有品位的成长伙伴。也要更加开放对接所联系的各种青年成长平台，全面激活UGC，让广大青少年和用户粉丝共办属于自己的青蜂侠。

"激活UGC，当下要做的，是激活中国青年报、中国青年网现拥有、共建以及联系的优势资源以及成长平台的内容生产力，比如各级团青组织、校媒联盟、高校大学生通讯社、高校新媒体工作室、大学生村官队伍、第一书记队伍、西部计划志愿者等，让这些用户成为青蜂侠内容的生产者。"

王海说："在我们的规划中，青蜂侠并不是一个孤立的新闻短视频品牌,而是中国青年网短视频辉煌工程'金凤计划'的凤首产品,在青蜂侠的带动引领和孵化下,一系列属地化、分众化、垂直化的子品牌战略正在推进中。最终将围绕主责主业,形成丰富的短视频品类矩阵,让每一位高质有效的青年用户,都能成为我们用心深度服务、共同成长的伙伴。"

没想到！令人头疼的国际传播竟被一粒咖啡豆搞定了！

本文首发于 2020 年 12 月 2 日
作者：叶莉

如果咖啡是一门语言，它会怎样讲述故事？

2020 年 11 月 27 日，由"中国好故事"数据库与"复兴路上工作室"联合推出的最新力作——中英双语动画短视频《一杯咖啡里的脱贫故事》(*Coffee Matters*) 讲述了一粒咖啡豆远渡重洋来到中国后，助力云南咖农脱贫致富的故事，引发海内外关注。

海外年轻受众观看后表示，"这是个甜蜜又可爱的小故事，表现手法也很棒，这才是中国应该对世界讲述的故事，希望能听到更多（中国）文化方面的故事。"

这个短视频是如何打动海外年轻受众的？媒体深度融合发展下，如何讲好中国故事，做好国际化传播？

传媒茶话会对话"中国好故事"项目总监和北京大学新闻与传播学院教授、北京大学国家战略传播研究院院长程曼丽。

"中国好故事"数据库（www.chinastory.cn）是新华社中国搜索打造的外宣工作创新性、基础性平台，中英文网站和手机客户端于2019年9月上线，目前已汇聚超过15万条中英阿意等多语种图文、视频、音频故事，向世界展现真实、立体、全面的中国。

3分34秒，它如何创新讲透"咖啡脱贫"的故事？

100年前，法国传教士带着小小咖啡豆远渡重洋，在茶叶之乡中国落地生根。100年后，东方精品豆翻越大山，在国际赛事崭露头角，成为西方人餐桌上的一杯咖啡，从而打开海外市场，带着云南咖农们走上脱贫致富之路。

这个动人的故事来自短视频《一杯咖啡里的脱贫故事》。

短短3分34秒，采用了多种创新手法，如通过设置分屏将近50张中国水墨淡彩与"梵高"变体的后印象画风手绘图，进行东西方场景对位，形象生动地展现了中西方因小小的咖啡豆而产生的经济交流和文化交融。

"中国好故事"项目总监表示,分屏手绘的手法创新了话语表达。

"首先,我们采用分屏对位形式,将中国传统水墨淡彩与西方后印象派画风融为一体,使两个半球的故事同屏互动。其次,在动画中,我们大量使用3D动画,如咖啡杯、火车、结尾的咖啡水滴等,使画面空间感、层次感、立体感更分明。最后,运用逐帧动画,例如火车通过隧道、太极意象转换场景等,使动画动作更流畅连贯。"

视频不仅在观感上呈现出水墨氤氲与后印象派色彩浓烈的视觉对比,意境上更与东方太极的哲学理念深度契合。内容深度上,也体现出中西方文化彼此存在差异,却又和谐共生这一重要意义。

程曼丽表示,《一杯咖啡里的脱贫故事》是讲好中国故事的范例。

首先，咖啡这一话题本身就很吸引人。因为咖啡是世界各国都熟悉的一种饮品，喝咖啡是全球性的日常习惯，选择咖啡作为代入场景很好地避开了海外受众接受东方文化的壁垒。

其次，选择咖啡豆这一元素，将咖啡豆传入中国的历史、咖啡助力云南咖农脱贫的故事、云南咖啡走向世界的过程融为一体，充满知识性和趣味性，容易引发受众的好奇心和关注度。

最后，带有精准、地道的外语标题和配音，加上水墨画和后印象派的画风对比，也会给受众带来美妙的视听体验。

如何契合海外年轻受众的接受心理？

在国际传播中，要突破中外政治文化与价值观差异等樊篱，重点在于提升信息品质，而这就需要契合海外受众的接受心理。

"对外传播首先需要考虑受众，即我们的传播对象是谁？他们有着怎样的接受心理？有什么样的接收习惯？换句话说，就是要从效果出发考虑问题,也就是传播活动希望达到什么效果。"程曼丽说。

从效果出发,需考虑以下几个层面:

第一,受众能不能看懂、听懂?这需要用受众的语言讲故事,符合他们的接受心理,找到故事的切入点并与他们的生活产生联系。

"中国好故事"与"复兴路上工作室"在制作该视频时,从西方日常生活中不可或缺的"咖啡"元素入手,润物细无声地融入"咖啡脱贫"的中国成功案例,在小而甜蜜的故事形态中融入国际视野,将经济交流、文化交融中具有当代价值和世界意义的精华提炼展示出来。

同时，选择了在海外年轻受众喜爱的社交平台和短视频平台首发，制作了英语、法语、德语、西班牙语等多个版本同步推送，能快速抵达海外受众。

第二，受众能不能悦纳？当前，媒体在国际传播过程中仍然存在自说自话的现象，更多的是从传播者的角度出发考虑问题。

而悦纳则是改变过去"你推给我看"或者"我想看就看，不想看就不看"的被动状态，找到中西方文化相通的地方，契合受众的兴趣点，让他们觉得有意思，从而主动、开心地去看、去接受。

在这方面，"中国好故事"充分运用数据库资源和全媒体智能化技术等，将人格化运营策略与新媒体传播结合，以"咖啡"这一海内外年轻用户感兴趣的话题作为切入点，让小小的咖啡豆成为"故事主人翁"，唤起受众的"咖啡情结"，将"情感卷入"最大限度释放。

利用海媒账号传播矩阵快速垂直传播，迅速引起海外受众的关注，引发海外受众的"共情、共识、共振"，主动转发。

第三，受众看后能否入脑入心？相比感情层面的到达，这已经提升到了心理层面，就是受众在接收信息后能否产生认同感。

认同感是一种心理上的倾向性，这种倾向性有利于减少海外受众的误解、偏见甚至敌意。

没想到！令人头疼的国际传播竟被一粒咖啡豆搞定了！

该视频通过海外社交平台首发后，迅速引发境内外媒体和民众的高度关注和广泛热议。截至2020年12月2日，国内外视频总播放量和稿件浏览量双双破亿，微博话题"咖啡里的脱贫故事"阅读量已达1.6亿，受到海内外用户尤其是国外网友的高度评价。

不少海外网友留言，"这是一个甜蜜又温馨的小故事""提高了对中国咖啡产地的认知度，想亲自去云南体验兼具东西方口味的咖啡""中国智慧为世界减贫提供了很好的方案，我们国家应该学习中国的经验，早日让自己的人民摆脱贫困"。

海外受众更青睐能与他们的生活产生联系，能为他们提供一些借鉴和经验，有趣而富有生活气息的中国故事。而这也是"中国好故事"和"复兴路上工作室"不断探索和挖掘的方向。

深度融合下,如何破解"传而不通""通而不受"的困局?

当前,国际形势十分复杂,面对"西强我弱"的舆论生态,习近平总书记多次强调,讲好中国故事,传播好中国声音,展示真实、立体、全面的中国,是加强我国国际传播能力建设的重要任务。

中国故事如何才能破解"传而不通""通而不受"的困局?媒体如何才能不断增强话语权,传播好中国声音?

"中国好故事"项目总监表示,主流媒体需要从单方面输出的"外宣"思维转型至"提高国际传播力"的新定位,加强海外新媒体矩阵建设,利用移动化、场景化、社交化、个性化的海外社交媒体,在新的传播格局中弥合时空差异、增强国际舆论话语权、构建融通中外的话语体系、在新态势下讲好中国故事。

"同时,在国际化传播中,传播好中国文化,促进中西方文化进一步交融的核心是透析新世代用户与新社交平台特点,积极探索外宣合作与'人格化'共情传播策略。"

其中,"中国好故事"采用5G+AI智能追踪技术,从大熊猫基地直播影像中截取素材制作视频,在赋能新场景、新生态的同时,利用直播、短视频等年轻用户接受度极高的形式,满足了海外用户"云吸猫"的需求,收获一大批"胖达粉",成为快速提升国际好感度的典型案例。

此外,也可以尝试让外籍人士深度参与产品的议题设置与内容生产,以跨文化思维、多语种平台、多屏互动等形式,提升中国文化渗透力,塑造中国形象。

如"中国好故事"推出的"外眼看中国"系列专栏,以跨文化思维、国际化视角来讲述中国抗疫故事,真实记录了中国在新冠肺炎疫情防控期间做出的努力,作品播出后广受好评。

程曼丽同样强调,媒体要密切关注国际形势的变化,加强对外传播的战略思维,努力进行传播议题及话语体系的开掘与建设,在新时代讲好中国故事。

同时,她也提到,故事是"世界语",过去的历史引起今天的共鸣,一个好故事胜过千言万语。

因此,讲好中国故事,不能仅仅局限于本土故事,而要放眼世界,找到中西方文化中相通相融的点,不断挖掘中西方文化故事素材中的当代价值。

"可以从中国传统文化、中国与世界交往的经验以及当下的抗疫实践中寻找话语建设的优质资源。同时,可以考虑建设中西方文化语料库,做好相关研究,让中国故事更加丰富,有传承又有创新。"

另外,媒体也要运用好中国在"一带一路"沿线国家的项目资源,主动为出海企业做好国际传播方面的服务和指导,加强民间交流与传播。

July:

讲好中国故事,不能仅仅局限于本土故事,而要放眼世界,找到中西方文化中相通相融的点，不断挖掘中西方文化故事素材中的当代价值。《一杯咖啡里的脱贫故事》通过"咖啡由西方传教士传入中国""咖啡助力云南农户脱贫""云南普洱咖啡走向世界"等一系列符号，表达了"脱贫攻坚"过程其实也是世界人民共同参与的事业，起到了良好的议程设置效果，用"小小咖啡豆"作为"叩门砖"，有助于世界人民了解"脱贫攻坚"，打造与巩固中国在全球的声誉。

超1.2亿沉浸式观看！竖屏看春晚让年味"虎"出次元壁！

本文首发于2022年2月1日

作者：叶莉

除夕，吃过年夜饭后，有多少人在等待春晚开播？

2022年，中央广播电视总台2022年春晚有了新玩法——正式入驻微信视频号，首次采用竖屏沉浸直播，开启大屏小屏同步直播春晚、互动抢红包封面、点赞打call精彩节目、发表情包送祝福等有趣玩法。

中央广播电视总台2022年春晚为何选择在微信视频号上竖屏直播？竖屏看春晚将为观众带来哪些新体验？媒体如何实现跨屏融合，打造现象级节目？

传媒茶话会对话中央广播电视总台文艺中心综艺频道导演孙滨，中国传媒大学电视学院教授、博士生导师曾祥敏，中国新闻史学会应用新闻传播专委会会长、中山大学传播与设计学院教授张志安。

春晚首次竖屏沉浸式直播
实现叙亲情、拉家常跨屏联欢

吃过团圆饭后,一家人守着电视看春晚,是中国人守岁跨年重要的仪式。

不同以往,中央广播电视总台2022年春晚首次尝试在微信视频号上竖屏直播。用户在微信上打开视频号,不用跨APP,只需一键点击就能跟亲友分享精彩的春晚节目,享受"人更大、距离更近、更沉浸,甚至微表情都不放过"的特别版春晚。在看节目的同时,观众还能发朋友圈、发状态、发老虎表情包,和亲友一起边看春晚边拜年,突破时空距离,共享欢乐时刻。

据了解,为保证"竖屏看春晚"给观众带来全新的视觉体验,春晚摄制团队专门安排了多个竖屏拍摄机位,保障独特视角下的高质量春晚直播。同时,春晚摄制团队又以轻量化、全IP部署实现高清、4K新媒体信号现场混合制作播出,以及横屏、竖屏的统一切换,实现2022年春晚"跨屏"直播新样态。

不少观众感叹,"太清晰了,连小品《父与子》中孙涛脸上的毛孔都看得一清二楚""一边看春晚一边在讨论区聊节目、拉家常、叙亲情,竖屏看出沉浸感""又拉高了春晚的制作水平!"……对于习惯了大屏、横屏看春晚的观众来说,首次通过微信视频号竖屏看春晚,能有这样的体验实属不易。

"很多时候观众看春晚都是在大屏观看,这次竖屏直播既给了节目组创新的机会,也给观众带来新的体验。因为竖着拿手机是最舒服的姿态,今年春晚首次采用竖屏直播也是希望让大家以最舒服的姿态来把春晚'握在手里',拉近春晚与手机观众的距离。同时,竖屏9∶16的尺寸正好把一个人物的头身比完整呈现在竖屏当中,能让演员身段更清晰,表演更聚焦。"作为此次春晚竖屏直播的负责人,孙滨道出竖屏直播的初衷。

曾祥敏表示,此次中央广播电视总台2022年春晚首次与微信视频号合作,并采用竖屏直播,是移动互联网时代视听传播的新表征。

"从横屏到竖屏,绝不仅仅是屏幕尺寸的变化,而是包括视听语言、叙事逻辑以及互动模式等在内的全面重构。竖屏看春晚,能够营造亲切交流的在场感,为观众提供全场景、沉浸式的视觉体验,深入贯彻'移动优先'理念,彰显春晚的年轻态和新活力。"曾祥敏说道。

此外,春晚视频号联动微信生态打造直播间互动新玩法,能够使用户体验一场"边看春晚边拜年"的媒介仪式,打造新时代、新场景下的百姓喜宴、家国盛世。

抢红包封面、点赞跳老虎……
新年互动"虎"出次元壁

当代年轻人看春晚玩互动,少不了可可爱爱的表情包。

此次，虎年春晚就为年轻受众准备了竖屏看春晚的专属表情包，如"春晚支棱起来""静静等红包""想要这个（红包）"等金色瑞虎表情包，将趣味拉满，让久违的亲友通过萌动有趣的表情包拉近距离，增进情感。

除了发可可爱爱的表情包，当然还少不了点赞、发个性红包环节。

例如，通过微信竖屏看虎年春晚，观众能边看边体验直播点赞秒变虎气的乐趣，看到喜欢的演员、喜欢的节目、经典的台词和片段……一键点赞，就能点出"小老虎""福字""红包"，便捷满足年轻人的互动需求。

边看春晚还能边抢红包封面。有的抢到了"如虎添亿"，还有的运气爆棚抢到了"虎年春晚限量异形红包封面"。互动热情掀起一个又一个高潮，不少就地过年的观众在线上和亲友沉浸式感受到节日浓浓的欢乐气氛。

在曾祥敏看来，国民级IP春晚+互联网平台新秀联通共创，能够增强双方在短视频生态的双向赋能效应，对改变现有短视频赛道格局具有冲击力。

一方面，微信视频号根植于微信平台的社交内容生态圈、强大的用户基础和裂变式传播优势，能为春晚带来规模级流量，提升年轻用户的吸引力与参与度；同时能充分激活广电媒体内容存量，提升其传播效果和声量。

数据显示，截至2022年春晚直播开场前，累计超过195万人在微信视频号预约了直播。除夕当晚，超过1.2亿人在微信视频号"竖屏看春晚"，以全新视角共享这场文化盛宴。沉浸式的观看体验赢得观众一众好评，微信视频号直播间点赞数超过3.5亿次，总评论数超过919万次，总转发数超过551万次，"竖屏看春晚"成功引爆移动端小屏。

另一方面，对于微信视频号来说，中央广播电视总台2022年春晚的加入能够进一步完善视频号生态，并以广电专业的制作团队、丰富的素材储备和大屏端积累的公信力大幅提升视频号的内容质量，塑造平台气质，为微信视频号在短视频赛道角逐的白热化阶段增添发展动力。

张志安表示，"竖屏看春晚"给广大用户带来了耳目一新的视觉体验，丰富有趣的社交玩法也让浓浓年味儿在人与人之间无缝流动。

以中央广播电视总台为代表的主流媒体紧扣时代脉搏，不断创新理念和实践，占据移动互联网时代的话语制高点。随着主流媒体在微信视频号中的内容深耕，视频号将在传播主流价值、助力跨文化交流中发挥更加重要的作用。

现象级作品频出
微信视频号成为短视频平台后起之秀

毫无疑问，超1.2亿人观看，点赞数超3.5亿次，中央广播电视总台2022年春晚已成为微信视频号又一现象级传播作品。

在过去的两年中，微信视频号不断更新迭代，在私域流量池内，打通会话、朋友圈、公众号、小程序、看一看、搜一搜、微信支付、企业微信等功能模块，让作品快速裂变传播；

在公域流量池内，通过平台算法让优秀作品得到更大的流量支持，受到更多关注。

从央视新闻在微信视频号上直播庆祝中国共产党成立100周年大会，到直播孟晚舟回国，到西城男孩在视频号上举办线上音乐会，再到"追光2022视频号直播"……一步一个脚印，微信视频号已经快速找到了与媒体融合的方式，破解了爆款融媒体产品的传播密码。可以说，微信视频号已经一跃成为抖音、快手"两超"短视频平台之后崛起的新秀。

透过爆款产品，可以看出微信视频号的内容生态在不断完善，无论是在重大主题、新闻报道，还是在音乐、泛知识领域都走出了独具差异化的发展路径。同时，微信视频号的热门话题引导力也不断提升，如西城男孩唱《平凡之路》带来一波青春回忆，孟晚舟回国直播带动国民爱国热情。

《2021中国网络视听发展研究报告》显示，2020年网络视听用户规模继续增长，短视频使用率最高，为88.3%。在泛视听领域市场规模上，短视频占比最大、增长最快，同比增长57.5%。未来，短视频赛道的竞争将持续白热化。有理由相信，深耕优质内容，与优质内容创作者深度合作共创，激活PGC和PUGC端，通过差异化竞争、专业化生产、分众化传播的微信视频号，能在不久的将来迅速成为优质作品传播高地。

创新访谈节目范式,看21岁高访节目如何焕发新活力

本文首发于2021年12月26日
作者:陈莹

"元气森林到底是真零糖还是噱头?"
"元气森林的宣传我们是不是不能相信了?"
"小鹏汽车这个名字是不是很土?"
"2024年小鹏飞行汽车能实现量产吗?"

无论是元气森林,还是小鹏汽车,在新闻报道里、社交平台上,对这两家企业的议论声此起彼伏,质疑者有之,期待者有之。

最近,这两家企业的领军人物成为中央广播电视总台高端访谈节目《对话》特别节目《对话·挑战者》的主角。

《对话》为什么策划了新节目《对话·挑战者》?老牌高

访节目是如何焕发新生机的？

2021年12月下旬，传媒茶话会对话《对话》负责人和中国传媒大学教授苗棣以及资深媒体人吴伯凡两位专家。

老牌《对话》看上了"新物种"

2000年7月，高端访谈节目《对话》在央视财经频道播出，至今已经走过21个年头。此前，《对话》每期节目呈现的至少是两家体量相当的成功企业，很少将镜头只对准一家企业，嘉宾往往是功成名就的企业家、科学家、行业专家等。

然而，2021年底推出的特别节目《对话·挑战者》打破了这一惯例，不仅只请一位嘉宾，还都是来自带着"争议"、贴着标签的新企业。

元气森林创始人唐彬森，小鹏汽车董事长、CEO何小鹏，华人运通高合汽车创始人、董事长、CEO丁磊，分别是3期节目主角，其中，创立时间最长的小鹏汽车也不过才7年。

成立时间短、没有经过市场检验、处在成长过程中，甚至饱受争议，这些企业在过去是不匹配《对话》定位的。但是，《对话·挑战者》为什么将镜头对准他们？

"想关注一批在商业中全力奔跑，用新打法挑战商业模式，开创新赛道的企业。"在《对话》负责人的策划中，《对话·挑战者》想提供一个展示商业"新物种"的舞台，节目打造一个挑战场，让挑战者直面公众、投资人、媒体的质疑。"我们不去定义这些企业是否成功，这是留给其他创新企业者、留给观众的议题。"

当前,世界经济面临新一轮产业变革,中国经济发展也进入了新的阶段。市场在巨变中不断迭代,旧的模式正在被打破,新的范式正在被构建;商业生态正在发生变革,各个行业的边界正在重新定义甚至消弭,催生了一批新模式、新业态、新经济。在这次商业变革中,有一群企业界的新面孔,他们是新商业变革时代诞生的"新物种",正在给中国经济注入新的活力、带来新的动能。

"《对话·挑战者》希望寻找引领未来中国经济的新领军者。他们可能将诞生在这群新商业力量中间,希望给全速奔跑成长中的他们一束追光、一个舞台。"节目负责人对传媒茶话会表示。

《对话·挑战者》第一期播出后,网友们留下了这样的评价:

"看完有一种既熟悉又陌生的感觉,就像一个老朋友有了全新的样貌。"

"你爸爸还是你爸爸,央视《对话》一出手还是很见功力。"

"节目体现出来的不是每个人都戴了面具、一本正经的感觉,而是充分显露出这些个体真实的一面。"苗棣评价《对话·挑战者》特别节目,"比常规版更接地气,也更活泼。"

在苗棣看来,《对话》作为20年的老品牌,已经形成了成熟的、规范的范式,此次《对话·挑战者》既延续一贯的高端调性,又做出深入人心的趣味性,难能可贵。

打造一场沉浸式访谈节目

变的是形式、包装,不变的是《对话》一如既往的高端定位和价值输出。然而,打定主意做一档创新节目,操盘过程并非一帆风顺。

节目邀请的是不惧挑战的挑战者,对嘉宾来说,这也是一次前所未有的挑战。"这个舞台上并不是来展示成绩的,而是来接受挑战的。你害怕的那些问题,一定会出现。"《对话》负责人要求节目组从接受挑战的出发点接触、邀请嘉宾。

对导演来说挑战更大。做了21年的节目难免有一定路径依赖,《对话》不缺高端嘉宾,不缺深度思考,也不缺逻辑顺畅、环环相扣的问题设置。但《对话·挑战者》的节目逻辑、主线变了,导演首先得做好思维转换,自己读懂"新物种"在做什么,拨开表面看本质。

"节目的整体逻辑感不需要那么强,重点要把挑战性做出来,既要回应公众的关切,挑战的问题又不能很肤浅或过于挑衅。"《对话》负责人说道。

为了更好地把握节目调性,在前期策划过程中观察团就已经深度参与,从选择企业,到提问方式、问题角度。用观察团成员、资深媒体人吴伯凡的话说:"流程决定质量,通过深入沟通,节目得到深化。"

节目文案改了十几稿,挑战问题设计了一遍又一遍,逻辑捋顺了,就有了这样一档特别节目。《对话·挑战者》在节目设置、整体调性、包装手法甚至主持风格方面都发生了明显变化,"沉浸式"成为节目关键词。

从节目设置来看,五个挑战环节串起整期内容,极速考场、撕个标签、至暗时刻、观察考场、终极挑战,五个关卡层层递进、提问越发尖锐,不断挑战嘉宾的敏感话题、商业模式、竞争逻辑,从而引导观众从产品设计、市场营销、企业发展等多个维度来了解新行业的发展。

在"观察考场"环节,三名观察团成员隆重登场。

"我想问一些(嘉宾)没有思考过的问题。"节目中,吴伯凡"火力全开",挑战嘉宾的应对能力,更直指这些"新物种"的商业模式和创新性。

第一期他问唐彬森:元气森林的成功,是"诺曼底登陆"还是"偷袭珍珠港"?

第二期他问何小鹏:如何把浪漫化作竞争力、利润?

观察团另外两名成员的提问也个个致命,他们从投资人、行业人士的角度发出挑战。

"当元气森林遇上可口可乐,鹿死谁手?""元气森林变了吗?要销量还是要品牌?"

在观察团的"围追堵截"下,嘉宾甚至有某种程度的慌乱、不知所措。何小鹏更是直言:"这个问题是问到我们的软肋了。"

这达到了吴伯凡的目的,"观察团必须打破保护色,通过挑战问题让嘉宾流露内心的想法"。

《对话·挑战者》也是围绕打破"面具"设计环节和内容,直击挑战者的商业内核。为此,节目还设置了很多出其不意的挑战手法——盲品大测试、灵魂追问、灵魂暴击,这些都是

《对话》不曾展现的面貌。

从整体调性来看，节目保持着快节奏、轻松的整体调性，表情包、BGM的使用也恰到好处地烘托了节目气氛。

当主持人陈伟鸿问何小鹏至暗时刻时，键盘老师敏锐感受到嘉宾情绪，一曲《像我这样的人》作为BGM，引得吴伯凡情不自禁泪流满面。

现场大屏幕的视觉表达、现场音乐烘托、演播室座位设计等，节目组力图通过细节让嘉宾和观众沉浸其中，营造出一种真实的感受。

更有趣的是，在这个轻量化版的《对话》里，不仅节目时长从40多分钟缩短至不足30分钟，就连主持人陈伟鸿的语速都快了许多。

一向儒雅、周全的陈伟鸿，变为眼神犀利、妙语频出的连环"挑战者"，"你后悔吗？""你说的到底是谁？""你看他心虚了吧？"一连串问题问得嘉宾"灵魂颤抖"。

从包装手法来看，实景拍摄与棚拍相结合，随机街采与现场访谈相结合，呈现出多样化的视角，全方位烘托出嘉宾"沉浸式"接受挑战的氛围。

观看节目第一眼看到的不再是演播室，打破了演播室空间的局限性。从探秘元气森林办公区域开始，从何小鹏在旗舰店里向用户推销汽车开始，随后无缝对接演播室，既保留了《对话》演播室的交锋，同时跳出了演播室的空间感。

除此之外，《对话·挑战者》的节目节奏感强，BGM也十分到位，配合嘉宾观点及时出现的花字也很好地呼应并解读嘉宾情绪，让观众看了会心一笑。

《对话》不吝创新，用年轻的方式表达，这一套组合拳打下来，嘉宾在接受挑战过程中，出现了许多生动的表情，无处安放的小手、沉思的小眼神、有感而发的真心，现场还有各种出彩的问答。

从传播渠道来看，节目注重小屏端传播，尤其在社交平台进行了整体策划。

一方面，在微博、抖音上以图文、短视频的形式为节目预热，不仅设计三款海报给挑战嘉宾做足悬念，还制作了信息量满满的短视频吊起网友胃口。节目播出后，对精彩内容进行第二轮碎片化传播，"元气森林创始人没喝出自家饮料""当元气森林遇上可口可乐，鹿死谁手"等话题，《你知道吗，销毁饮料是要花钱的》《小鹏自爆曾与李斌轮流进入"ICU"》等短视频引起网友热议。

另一方面，与知乎联动，设置"你如何看待《对话》全新推出的挑战者系列？"问答，并邀请唐彬森、何小鹏、陈伟鸿亲自下场回答，既回应了公众对节目的关注，也有利于破圈传播话题。

21岁《对话》走出舒适圈

"朦胧中感觉《对话》可以尝试做更轻的节目，不用那么多观众、嘉宾，但问题更聚焦，形式上更适合网络传播。"吴伯凡是《对话》的老朋友了，做嘉宾次数多了，早就萌生出这样的念头。《对话·挑战者》正好对了他的胃口。

就像吴伯凡所说，20年前企业家在媒体和老百姓心中的地位是不一样的，不自觉地带有仰视，以标杆、楷模的姿态报道。"然而，今天的高端访谈更要以平等对话的眼光，以年轻化、独立思考、质疑的思维方式做节目，这就必须改变节目叙事方式。"

《对话·挑战者》对准的是"新物种"，对老牌高访节目《对话》而言，《对话·挑战者》又何尝不是一个新物种呢。

"希望节目能够引导观众讨论性地看问题：一是不回避争议，没有争议就没有创新性；二是超越争议和常识，提供新启发。"在吴伯凡看来，争议话题反而能够挑起节目组、观众甚至是嘉宾的深度思考，《对话·挑战者》就要直视"新物种"的商业创新。

这种想法与节目组的初衷不谋而合。

"提问的核心还是让挑战者思考底层逻辑，以及挖掘出对其他创新者、对整个中国商业有借鉴的想法和思考。"《对话》负责人表示。

观察团成员也是节目组用心选择的，行业人士、媒体大咖、资深投资者的搭配组合，兼顾了商业市场上的不同观察维度，可以从多个视角"拷问"企业。

据了解，录制结束后，唐彬森在元气森林内部发出通知，想明白、回答清楚节目中的提问。

诚然，对于一档新节目来说，《对话·挑战者》并非完美无缺，还有可以提升的空间。

在吴伯凡看来，老牌节目想要做出新价值，"在供给侧和需求侧都有空间"。

在供给侧，节目组可以更开放，内容策划、设计、引入网络内容工作流程，开放多元的与用户受众的互动意识，尽可能从受众角度思考问题；在需求侧，传播渠道、内容营销方面可以多向网络媒体学习，如碎片化、短视频等内容的二次传播，挑起社交平台新话题。

"创新是有难度的一件事，首先创作主体要打破固定范式。"在苗棣看来，想把节目做得更现代、更迎合大众口味，不妨将新媒体的方法化为己用，使其在具有央视特点的基础上，合二为一成为更新的方式。

在苗棣看来，一些网络上受到广泛欢迎的谈话节目值得学习，"这类节目主要靠话题锐度和活泼的谈话形式吸引观众，但是基本的方向是传统电视节目可以借鉴的"。

值得欣慰的是，《对话·挑战者》已经做出了积极尝试，并得到了观众的认可。

例如，在第一期节目里，节目组设计了让唐彬森盲品的环节，他却没能找出自家饮料，"元气森林创始人没喝出自家饮料"成了社交平台的新话题。

《对话》负责人坦陈，"研究了多种节目的类型，并有所借鉴，核心还是为内容服务"。《对话·挑战者》用一样的配方，做出了与《对话》不一样的菜。

节目播出后接收到的观众反馈都是正向的。

"节目带入感很强。"

"节目让人感受到情绪。"

"很受启发，看到了新视角。"

就像苗棣所说，"谈话节目，不论是新媒体平台的还是大屏上的，其核心都是言之有物、言之有据，还要充分考虑与受众互动，这几条都达到了，不管是哪个节目都会有吸引力。"

在未来规划里，《对话》还会推出第二季、第三季《对话·挑战者》，不断升级沉浸式挑战，将其做成系列品牌。让我们一起期待老牌高访节目的新玩法。

有"颜值"有实力，今年两会报道，这家央媒稳占C位

本文首发于2021年3月12日
作者：李磊

全国两会是代表委员履职建言、汇聚智慧的平台，也是国家政治生活中的大事。对于主流媒体来说，全国两会也是各大媒体同题竞技的"竞技场"，能体现出媒体的策划水平和创新能力。

2021年的全国两会中，一家老牌央媒的移动端发力，用创意实现了一次破圈。新华网移动平台——新华网客户端紧扣两会主题，依托优势资源，发挥国家级媒体优势，不仅邀请400余名全国两会代表委员入驻新华号强势"成团"，而且创新两会表达形式，"两会有'华'说""丹睿赴会""萌新记者两会上岗锦囊"等多项优质内容挺进互联网，广泛传播。打造了一批创新性强、形式新颖、叫好叫座的融媒体产品，为两会

营造了积极向上的舆论氛围。

新华网客户端有何成功"密码"？两会的报道与策划如何出新出彩？

带着这两个问题，传媒茶话会对话新华网首席运营官、总裁助理兼客户端公司董事长孙巍；新华网客户端总编辑段世文；中国传媒大学电视学院党委书记、教授、博士生导师，中国记协新媒体专业委员会副主任委员曾祥敏；中山大学传播与设计学院教授、博士生导师，中山大学互联网与治理研究中心副主任卢家银。

形式新颖，多元融合，增强两会传播亲近性

念完180个人的名字，需要多久？

"92秒！"这是今年两会，新华网"两会有'华'说"主播华少给出的答案。百余名入驻新华号的全国两会代表委员，念完他们的名字，华少用时约一分半。

从"新冠疫苗"到"了不起的中国航天"，再到快嘴口播"代表委员入驻名单"，新华网客户端主动设置议程，发布权威两会声音。

2021年3月1日，新华网客户端还邀请脱口秀演员李雪琴担任两会观察员说两会。

"最近全国两会要开幕了，我挺关注的"，"两会很多议题跟我们这些青年人息息相关"。李雪琴以轻松、幽默、口语化的语言，将严肃的两会话题用年轻人喜闻乐见的方式进行解读。

今年两会,由新华网记者许丹睿担任主播的vlog节目"丹睿赴会",以现场短视频的形式报道两会,在B站等平台圈粉无数,成功打破次元壁,吸粉年轻人。

"颜值国家队""就喜欢这样的,这颜值我爱了",在B站,网友这样称赞许丹睿。

截至目前,"两会有'华'说""雪琴来了""丹睿赴会"三档节目全网总曝光量过3亿。

新华网客户端还推出了《萌新记者两会上岗锦囊》手绘长图漫画。以职场萌新斯斯第一次报道两会为线索,创造性地运用SVG互动形式,带领网民跟随记者调研采访,一路点击解密,在互动游戏中将政府工作报告中的惠民政策逐一呈现。漫画与游戏相结合的方式给网民带来前所未有的交互式体验,让人耳目一新。

孙巍告诉传媒茶话会,"从华少、李雪琴跨界谈两会,到开设'丹睿赴会'vlog节目,再到推出漫画版两会报道,这既是新华网客户端两会报道内容形式的创新,也反映了作为主流媒体平台,新华网客户端坚守两会严肃性、权威性,同时更注重年轻化、贴近性表达,使两会报道好看、耐看,让用户尤其是年轻用户群体喜闻乐见,让两会传播更灵动、丰富。"截至目前,新华网客户端相关产品的全网曝光量已过5亿。

"在媒体融合背景下,两会报道成为各家媒体创新技术,创新报道思维、报道理念、报道技术、报道手段的重要战场,央媒更是引领媒体融合发展的领头雁。"曾祥敏认为,新华网客户端开展形式多样、新颖灵动的两会报道,是转变两会报道形态和语态的创新尝试。

卢家银也认为,主流媒体的两会报道,应不断尝试新形式,探索新表达。新华网客户端将两会内容以群众喜闻乐见的形式和语言展现了出来,能够在正面报道和舆论引导方面取得显著效果。

网络传播时代,构建立体全面的全媒体传播格局正成为主流媒体新媒体建设的重点。新华网客户端两会报道发力短视频,打造视听节目,可以补齐在视频制作与传播方面的短板,构建全媒体传播格局。

创优内容,创新表达,提升两会报道传播力

做好两会报道是主流媒体的必答考题,也是主流媒体挺进

互联网的重要契机。但一些媒体的两会报道不接地气、形式呆板、创新不足，传播效果与社会效果不佳。

曾祥敏及其团队从2015年开始，连续5年对全国两会媒体融合报道进行了研究。他指出，在媒体融合发展战略推动下，如何将时政报道主题做出新意、做出创意，让高大上的政治议题贴地飞行，进入寻常百姓家，成为老百姓热议的话题，得到更大众化的传播效果，这是主流媒体需要不断探索和解决的问题。

新华网客户端总编辑段世文认为，主流媒体报道两会有先天优势，但在表达方式和呈现样式上偏传统，虽然也在尝试新媒体样态的报道，但对目标人群尤其是年轻群体的需求把握还存在不足。

媒体和媒体人的视野、格局、思维、方法、手段都是影响两会报道与策划成功与否的重要因素。在曾祥敏看来，成功的

两会报道应该有"五要"——要有高度、要有深度、要有广度、要有抓手、要积极提升技术的应用和管控能力。

具体而言，主流媒体要围绕中心、服务大局，在两会报道时要有层次感、渐进感，要在历史发展中看变化，在前后对比中看新意；要主动学习和应用新技术，坚持技术为内容服务；要以小见大，聚焦主题，不仅要报道议案、政策、报告本身，更要报道这些抽象议题所影响的事和人，把政策跟典型事例、人物密切联系起来。

卢家银认为，传统主流媒体创新两会报道，仍需要在坚持党性原则的前提下，增强服务用户意识，紧密结合民众切身利益需求，提升民众的获得感和参与感；结合国家发展和最新政策，在内容为王上不断创新，改善议程设置，有效提升新闻报道的传播力、引导力和影响力。

综观2021年新华网客户端两会报道，从内容上，紧贴时政、聚焦热点、讲政治、有导向，围绕两会话题做了立体、全面的策划报道；从形式上，善用新媒体技术、新应用，综合利用短视频、vlog、条漫等新样态，创新两会表达形式与话语方式，让两会报道接地气、年轻态。两者实现了优质内容与创新表达的统一，为主流媒体做好两会报道树立了标杆，提供了借鉴。

24小时破10亿！央视这篇最高领导人特稿为何能这么火？

本文首发于2018年5月19日
作者：蔡一鸣

2018年5月13日，央视新闻新媒体首发特稿《习近平和母亲》，以习近平总书记与母亲齐心的日常点滴穿针引线，文风朴实、内容亲切，并有效借助母亲节"流量聚合"效应借势推出，立即引爆网络，荣登诸多主流媒体、商业网站头条，成为朋友圈刷屏点赞的爆款。

据传媒茶话会初步统计，发稿24小时全网阅读量超10亿次；中央广播电视总台下属各新媒体平台推送及相关网站链接的总阅读量超8.46亿次，点赞量超10.4万次。成功跃升现象级，成为主题主线报道中的"刷屏亮点"。

秘籍一：起笔"切口"小 落笔"站位"高

"在习近平总书记的书架上，摆着这样一张照片。记录下了习近平陪伴母亲散步的温馨时刻，习近平拉着母亲齐心的手，漫步在公园中。"文章开篇以习近平办公室陈设的一张照片为引子，"拉着母亲齐心的手，漫步在公园中"画面感强、亲和度高，抓住了读者的阅读心理、有效引导阅读兴趣，让时政特稿脚踩大地而非泛泛而谈。

文章从习近平年少时的成长历程谈起，父亲习仲勋1962年受冤屈后，母亲齐心成为照料家庭的主力，"一家人天南海北、骨肉分离"，而母亲亲手缝制的针线包，则寄托着对异乡儿子的牵挂。行文以"母亲的牵挂""母亲的嘱托""母亲的告诫""母亲的理解"四个篇章，依次按时间顺序递进展开，文字凝练不冗长、文风亲和不造作，始终以小切口、小细节的白描手法刻画最高领导人的家庭情结，切中了普通大众的情绪点，以"润物细无声"的方式博群众之满意，赢用户之所需。

"仅在腾讯平台的PV（网页）浏览量就超过了1亿，UV（用户）浏览量超过9200万。"据传媒茶话会从各相关门户网站汇总的信息看，这不仅是腾讯平台时政报道的"现象级"爆款，也是网络新媒体传播的最高纪录。

秘籍二：融合新闻采编宣发渠道

联动放大主流舆论声势

打造"资源共享、平台共振、渠道共通、业务共促"的融合新闻采编渠道，有助于在主旋律和正能量主导下加速媒体融合发展。自中央广播电视总台组建以来，始终坚持全台上下"一盘棋"策略，强化领袖报道的网络化表达，有高度接地气，推出了一大批"叫得响、留得住、传得开"的现象级融合报道产品。特稿《习近平和母亲》正是这一系列的延续。

阵线前移、统一指挥：总台央视新闻中心专门成立骨干团队，重点策划报道人民领袖习近平。总台台长慎海雄亲自牵头策划和部署习近平总书记原创时政报道，将指挥阵线前移，联动三台优质报道力量，打造总台"头条工程"。

一键触发、全平台推送：总台所有新媒体端"首页首条首屏"同步推送《习近平和母亲》，并通过蒙、藏、维、哈、朝5种少数民族语言和汉语微信公众号译制转载，24小时总浏览量超过20万，充分放大少数民族地区传播影响力。

多语种、矩阵化报道：利用总台在全球落地的传播优势，国际台用英语、俄语、西班牙语、法语、意大利语、阿拉伯语、日语、韩语、越南语、老挝语等多种语言在脸书等社交账号上推送《习近平和母亲》，联接中外、沟通世界，用"中国之声"讲好中国故事。

秘籍三：坚持移动优先策略

摒弃旧思维，强调"润物细无声"

2017年3月，央视新闻新媒体推出系列微视频《初心》，全网播放量超13亿,是央视第一次将党和国家最高领导人的人物专题片在平台发行,从传统电视端移至新媒体平台。

而如今,诸如《习近平和母亲》等系列原创优质特稿不一而足。围绕习近平总书记重要讲话、活动,央视新闻新媒体组建了一支强有力的"国家级"时政报道团队,通过"V观""微视""快评"联合打造主题主线矩阵报道梯队。

第一时间抢占"全网稿源":习近平总书记出访期间,央视新闻新媒体发挥独家视频资源优势,前方时政报道团队利用移动便携设备第一时间拍摄现场画面回传总部,总台全媒体平台即时转发扩散,成为全网"转载稿源"。

第一时间占领"舆论主战场":总台言论主打栏目"央视快评"突出"快、准、精、优"评论特色,积极发挥思想高度和评论深度优势。每篇评论篇幅在800—1000字,强调时效性与原创性,牢牢把握新闻报道"时度效"传播规律,结合时下热点随评随发,第一时间推送。

与此同时,在《习近平和母亲》同类特稿、微视频的创作过程中,央视新闻新媒体始终坚持以用户为中心、市场需求为导向,利用新技术、新手段、新思维,聚焦主题主线,力争打造一批让网民爱不释手的融媒"现象级"精品。

摒弃旧思维、强调"润物细无声":深刻把握媒体融合和网络视频发展新趋势,基于自身定位,以用户为中心、以需求为导向,重建央视与用户的连接,力求平易近人接地气,着力吸引年轻受众参与传播推广,让喜闻乐见的原创佳作博得青年人群的喜爱。

突出可视化、强调"沉浸式":以"可视化"为主阵地,加强重点版面视频资讯的扩容和推广。强调系统性和流动性,加强原创视频的可看性、观赏性和可视性。打造新主流传播平台,以特稿、时政微视频、原创一图、H5页面、竖版视频等形式,分段式、碎片化传播,利用异质化的资源优势在同质化的传播潮流中求得一席之地。

融媒变革路漫漫,前行开拓正当时。特稿《习近平和母亲》所引起的巨大传播效果绝非一日之功,而当前迎着媒体融合之东风,总台新媒体明显呈现出从覆盖优势向用户优势转变、从媒体优势向平台优势转变的显著特征。

在探索"电视+"与"互联网+"相契相合的道路上,央视新闻新媒体以独家视频资源为重心、以新闻融合"采编发"为龙头,开辟出一条"V观视频"打头阵、"央视快评"即时跟进、深度特稿全方位挖掘的原创产品生产链,力争形成以用户为中心、以优质原创特稿为抓手的融合发展新态势。

EricIzZ:

因为是电视媒体缘故,之前央视的言论类产品不足,舆论场声势受限,很难形成合力。今年春节前后,陆续推出的一系列"央视快评""独家特稿"等内容丰富了央视的报道规模和形态,特别是三台融合之后,利用央广的声线优势以及国际台的国际化视角,拓宽了稿源阵地,"现象级"特稿明显增多,是电视媒体向融合媒体转型的重要一步。

主流媒体+品牌主如何合作？这对"CP"火了！

本文首发于2021年10月20日

作者：李磊

媒体与品牌主之间的关系已由传统的"买卖生意关系"逐渐升级成"服务合作关系"，这已成行业共识。面对这一变化，双方该如何探索合作新样态，实现互利共赢？这是摆在很多主流媒体和品牌主面前的现实问题。

今年以来，中央广播电视总台和海尔三翼鸟结为"CP"，深化内容与广告的融合，创新品牌营销玩法，实现"象鸟共舞"，为主流媒体和品牌主的合作打了样！

具体带来哪些启示？

以"跳好街舞"的姿态推进媒体融合

"总台要以'大象也要学会跳街舞'的精神风貌,迎接数字化,'拥抱数字化'。"

2018年,中央宣部副部长、中央广播电视总台台长兼总编辑慎海雄在第五届世界互联网大会"媒体变革与传播创新"论坛上,用"大象跳街舞"形象阐释了总台推动持续融合转型的目标、决心和姿态。

近几年,在"台网联动、先网后台、移动优先"发展战略的指引下,总台加快推进媒体深度融合发展。

2019年,总台全面推进机构改革、做强做实技术基础、大小屏同步提升、重点项目多点突破,谱写融合发展"四部曲"。

2020年,总台创新互动传播方式,通过微视频、移动直播、vlog等方式打造融媒体传播矩阵;利用智能要素变革新闻生产路径上的步伐明显加快,5G+4K/8K+AI媒体应用实践取得积极成效;相继公布总台事业部、节目中心人事任免,融合改革进入实质性阶段。

2021年上半年,总台不断创新内容生产与传播机制,发挥资源优势,打造了众多现象级IP节目、产品,实现破圈常态化,已逐渐实现了从"学会跳街舞"到"街舞跳得好"的转变。

仅从今年的几个案例来看,从总台首档网络综艺《央young之夏》,到东京奥运会策划活动《东京日记》,再到年初的《撒开聊》《2021春晚进行时》,总台节目制作与传播中,体现出融合思维、新媒体样态、IP联动实践,将优质内容生产和品牌营销推向新高度。

在这一过程中,作为"大象"的重要"舞伴"海尔,紧密跟随,努力踏中总台转型制高点,谋求与总台融媒体转型步伐的同频共振。

创新表达,让内容更贴近年轻人

受众在哪里,传播的触角就应该伸向哪里。

总台拥有丰富、优质的大屏综艺节目,但伴随着用户视听场景由大屏向小屏转移,如何打造具有新媒体特征——互动性、参与性、年轻态的节目,成为摆在总台面前的重要任务。

"我们要充分转变思维、创新表达,不能仅仅满足于做大屏和小屏之间的'搬运工',也不能满足于掐头去尾、红烧中段、简单切条,要努力打造更多让人眼前一亮、闻之一振、爱不释手的新媒体产品。"慎海雄曾就打造新媒体原创内容生产特别谈道,要创新话语体系和表达方式,既要讲好故事,也要贴近年轻人的语言特点和接受习惯。

为了赢得年轻用户,开辟综艺传播新阵地,今年夏天,总台多个部门联合推出大型网络综艺节目《央young之夏》。总台40位身怀绝技的主持人大秀才艺——倪萍的脱口秀、李思思的《左手指月》舞蹈、康辉的老年妆、王冰冰等人表演的《爷童回》串烧等。

2021年8月21日,《央young之夏》圆满收官。截至目前,节目相关话题拿下了41个全网热搜榜,话题阅读量超30亿次,总互动量454万次，全网相关短视频播放量7亿余人次。

总台主持人天团化身演员表演才艺的创意，以先网后台、大小屏融合的传播思路，长视频+短视频+直播立体化的推广覆盖，让《央young之夏》成为今年现象级网络综艺，并成功破圈。

中国社会科学院新媒体研究中心秘书长、研究员黄楚新认为，《央young之夏》的成功可以被概括为：差异化竞争的节目思路、年轻态表达的节目内容、裂变式传播的节目运营、产品化运作的节目逻辑，再加上总台近些年持续推进的传媒技术更新迭代，共同成就了节目成功。

但当初，市场普遍对总台第一次试水网综持观望态度，《央young之夏》招商并不顺利。后来，总台总经理室找到海尔，双方达成合作，总台+海尔这对"CP"再次携手共进。

"节目的内容及形式与三翼鸟极度融合，更贴近年轻人，能更好地诠释三翼鸟智慧场景的体验。"谈到与《央young之夏》的合作初衷，海尔智家营销总经理程传岭讲道。

在《央young之夏》的台前幕后，海尔三翼鸟为年轻人打造的智慧生活场景自然、巧妙地融合在节目中。总台充分利用三翼鸟"智慧家居全屋定制"的功能，打造了"智""趣""新""潮"四个主题的家居式备战间。在备战间中，主持人与三翼鸟智慧场景的精彩互动，充分展示出智慧生活的便捷和舒适，三翼鸟的品牌优势也充分凸显出来。

在8月21日的公演之夜，总台联合海尔将动画片《海尔兄弟》的主题曲《雷欧之歌》进行重新改编，串起14个动画片歌曲演绎的《爷童回》，登上了热搜榜前三名。"爷童回"刷屏的同时，三翼鸟也实现了品牌的深度植入。

"总台在此档节目中并没有关起门来做，而是联手其他流量平台、品牌主一起做。"中国传媒大学学术委员会副主任、广告学院院长、博士生导师、教授丁俊杰认为，一个好的、优秀的内容生产者，并不是所有的事情都要做，更不是自己做完所有的事情，而应该是一个优秀的内容生产管理者，能够把各种优秀内容生产与传播资源进行集成，形成一个具有良好循环的生态体系，在这个体系内的每个"合伙人"都可以发挥优势，获得价值。

总台与海尔的合作，也丰富了媒体融合的内涵——媒体融合不仅是媒体内部的内容、渠道、技术、资源融合，更是行业之间的优势互补、携手进化。

巧借热点，打造有网感的内容

2021年，2020东京奥运会召开。作为发生在疫情之年的一场全球体育盛会，如何做好策划报道，让奥运传播出新、出彩是很多主流媒体探索思考的问题。

传媒茶话会了解到，总台派出历届奥运会规模最大报道团队——800人出征东京，并搭载4K/8K超高清转播系统等新技术，以"一体制作、融合传播"理念做好报道。17天时间，总台做了500场电视转播，并首次通过4K超高清频道直播奥运赛事，进行8K超高清节目的拍摄和制作，实现制播超清化、移动化和智能化，给无法到现场感受奥运氛围的体育迷们提供更好的观赛体验。

除了做好常规的赛事转播，总台还发力新媒体，利用全媒体手段开辟了"大咖陪你看"、《东京日记》、"东京我知道"、"C位看奥运"等自制奥运栏目。

"传统媒体在内容生产上存在的一个显著短板就是内容形式的呆板，不能适应互联网时代受众的需求与口味，用通俗的话讲就是缺乏网感。"何为网感？丁俊杰认为，就是有记忆点、有传播力、有话题性。有记忆点是让用户能够记得住，有传播力是让用户自发进行转发和分享，有话题性是能够形成关注度的合力。

如何打造有记忆点、有传播力、有话题性的奥运报道？

2021年，东京奥运会期间，央视频与海尔这对"CP"再次深度绑定。双方合作推出"海尔兄弟问答东京"知识科普活动。海尔兄弟以"央视体育特邀知识官"的身份在创意视频中出镜，给观众提供金牌播报、体育知识科普等服务。

形象可爱、活泼的海尔兄弟，化身为知识科普官，给网民留下深刻印象，为活动创造了记忆点；设置问答、互动抽奖环节，用户可以通过留言的形式，向海尔兄弟提问，为活动增添了传播力；巧借奥运热点，融合海尔智慧家居理念、产品，让活动具备话题性。

为什么跳水运动员要先"一淋二泡三上台"？运动员每天

运动量那么大，是不是比普通人更爱睡觉？射击运动员的衣服为什么很厚？海尔兄弟化身知识科普官，通过短视频的方式一一做出解答。科普中，海尔兄弟还成功"种草"海尔智慧家居——智慧浴室、智慧卧室。

数据显示，"海尔兄弟问答东京"全网声量超15亿，在"央视新闻"和"央视频"矩阵发布的"海尔兄弟问答东京"视频累计播放量突破3000万次，微博话题阅读量高达1.1亿。

体育报道不仅有赛事转播、奖牌播报，还有极具互动性的问答、知识科普、抽奖活动，"海尔兄弟问答东京"活动延伸了体育传播的内涵，拉近了体育运动与普通人之间的距离，弥补传统媒体体育报道不够深入、缺乏互动性的不足，实现了优质内容与广告传播的深度融合，于"润物细无声"中传播了品牌形象。

IP联动，内容＋营销完美融合

如何抢夺流量，抢占新媒体时代话语权，让内容出圈，日益成为主流媒体的刚需。打造具有新媒体特征的IP产品，实现IP之间联动成为新思路。

黄楚新认为，主流媒体应当抓住目前平台化、集约化的发展趋势，摒弃传统的单一内容生产与分发模式，在积极搭建自有媒体平台的基础上，同其他各类媒体平台进行深度融合，重塑精准化、场景化传播的媒体发展新理念，同其他品牌开展联动合作，打造具备高附加值的新IP产品，形成良性循环的主流媒体IP库。

2021年初，总台积极适应新形式、新手段，加快推进媒体深度融合,激发传播活力,推出两款新媒体IP节目《撒开聊》《2021春晚进行时》,对传统的电视节目进行改造,让节目"动起来""火起来"。

《撒开聊》是对《开讲啦》这一大屏端节目的继承与创新。一方面,《撒开聊》延续了央视大屏节目《开讲啦》的主持人、嘉宾阵容,以"围炉夜话"的方式汇聚寄语、展望未来;另一方面,《撒开聊》在小屏播出,节目内容、风格相比《开讲啦》的严肃、传统,更充满娱乐性、互动性、趣味性,主持人撒贝宁与嘉宾一起"撒开聊""撒开玩""撒开唱"。

《2021春晚进行时》是央视文艺推出的原创融媒体节目,是对总台大屏春晚的预热与幕后故事揭秘。节目融入流行元素,邀请即将登上春晚舞台的表演嘉宾陈伟霆、欧阳娜娜等40多位明星参与综艺访谈、游戏互动,为全国观众送上贺岁表情包和春节祝福,引领网友参与春晚话题讨论,提前营造喜庆祥和的新春氛围。

总台要打造新媒体特色IP节目,赢得年轻用户,海尔需要借助网络综艺传播智慧家居理念,抢占年轻用户的心智,基于此,总台和海尔两大IP再次联手。

《撒开聊》采用整合营销传播理念,结合节目内容场景为海尔三翼鸟提供产品露出、屏幕贴片、互动抽奖、弹出购物车、有趣互动等多种曝光形式,全方位、立体化呈现了海尔三翼鸟的智慧家庭场景解决方案。

海尔与《撒开聊》的合作,只能算是"小试牛刀",打响了海尔三翼鸟品牌年轻化的第一枪。2021年2月9日,总台融媒体节目《2021春晚进行时》的播出,将海尔三翼鸟品牌传播提到新高度。

在新媒体端,海尔多支定制短视频,通过央视融媒体矩阵全网刷屏,播放量高达4000万+,三翼鸟品牌标签的相关微博指数更是暴涨30万+;在电视大屏端,海尔120秒长版本宣传片在《新闻联播》与总台2021年春晚节目之间强势曝光;在央视春晚现场,海尔旗下卡萨帝空调再次走进央视春晚直播间,与春晚小品《一波三折》融为一体,引爆口碑。

《2021春晚进行时》跳出纯电视广告的品牌营销模式,根植文化基因、引爆粉丝经济、多维黏性互动以及覆盖整个春晚热点周期内的"反碎片化"传播策略,让海尔三翼鸟品牌在2021年的春晚营销大战中突出重围。

"推动主力军全面挺进主战场,以互联网思维优化资源配置,把更多优质内容、先进技术、专业人才、项目资金向互联网主阵地汇集、向移动端倾斜,让分散在网下的力量尽快进军网上、深入网上,做大做强网络平台,占领新兴传播阵地。"2020年9月,中共中央办公厅、国务院办公厅印发的《关于加快推进媒体深度融合发展的意见》明确提出了上述要求。

作为推进融合发展的"C位"媒体,从今年的实践可以看到,总台不断发挥核心资源优势,强化开放合作理念,加大新媒体IP创造力度,打造爆款内容,巩固、提升总台的传播力、影响力、公信力。同时,总台创新品牌传播理念,深化主流媒体+品牌主的合作模式,实现双方的互利共赢,不仅赢得了客户的信任和口碑,而且为总台持续跳好"街舞"增添了自信和动力。

小年夜牛人"过招"，融媒联动再出新花样！

本文首发于2021年2月6日

作者：李磊

"甜野男孩"丁真与藏族说唱组合ANU上演藏语说唱，央视"段子手"朱广权与快手达人同台表演平衡术，全满贯舞蹈家李响与快手舞蹈达人跨舞种共舞。

这种晚会画风"不香吗"？

2021年2月4日农历小年夜，由快手与央视新闻联合打造的"过招"牛人之夜晚会在央视新闻快手号直播。晚会在央视新闻快手直播间观看总数达到6300万+。

这场晚会背后蕴藏着哪些"玄机"？从融屏互动到联合生产内容，主流媒体+头部网络平台的合作日渐深化，对推进媒体融合有哪些意义？

带着这样的问题，2021年2月5日，传媒茶话会对话中国广播电视社会组织联合会微视频短片委员会秘书长张腾之、浙江广电新蓝传媒布噜文化总经理沈维林、山东广播电视台数据舆情中心主任谭鲁民、中国传媒大学电视学院教授付晓光。

1. 星素融合，呈现欢乐美好综艺秀

自2017年国家广播电视总局发布"限娱令"，反对追星炒星要求以来，星素融合（明星+素人）已成为国内综艺的标配。

"过招"牛人之夜晚会，星素融合、混搭，融合歌曲、朗诵、杂技多种文艺形式于一体，为观众呈现一场多元素融合的欢乐盛宴：

当红歌手宝石GEM与快手人气主播"绝世的陈逗逗"、麦小兜、快手达人冯永胜——冯氏双钩书法等组成多元混搭演唱开场歌曲；

"甜野男孩"丁真与藏族说唱组合ANU联合演唱一首藏族风韵歌曲《FLY》，别具韵味。

"一个半小时多时长的晚会，看完后整体感觉节奏紧凑、短小精悍、朝气蓬勃，非常符合年轻人的审美。"付晓光给出了这样的评价。他也谈道，这场高质量的文艺晚会，让受众获得了艺术上的享受，同时，评论、送礼物、领红包这些充满互动性、沉浸式的功能，让用户也成为节目的一部分，增强了用户参与感、获得感。

谭鲁民认为，晚会采用主持人+明星+草根达人的阵容，发挥各自优势，实现破圈互补、强强联合，内容制作与呈现模式非常新颖。让主流的春晚舞台融合平民化、互动化元素，可以更好地实现主流与草根的共振融合。

张腾之告诉传媒茶话会，整场晚会"欢乐、青春、美好、阳光"。晚会主题、结构编排、舞台美术、联欢互动无不洋溢着欢乐活泼、喜庆过年的气氛；晚会请来的明星、快手草根达人，无论表演、唱歌、朗诵，都彰显出青春的活力；星素联袂，同台过招，演绎爆款歌曲，国家媒体与短视频超强平台的无缝合作，以抢红包、看达人直播的方式，展示人民追求生活的美好；盲童欣蕊、弹吉他的MIUMIU、朴实的丁真，体现出每一个平凡人，个体再小，也充满能量，给人温暖，散发阳光。

2.台端携手，打造人生出彩大舞台

快手与央视新闻合作，打造才艺展示舞台，不仅帮助明星与素人"破次元壁"交流，它更为素人们提供了广阔的舞台，为他们的人生、梦想加油，让他们发出自己的光和热，实现梦想。

"'牛人过招'的舞台上，让我们看到'牛人'就在身边，草根达人不仅在快手上被亿万人看见，还在央视这样的国家权威媒体上被亿万人看见。"张腾之认为，这是权威媒体在宣扬正能量、传递真善美、彰显中国精神，传递向上向善的价值观，对草根达人也是一种鼓舞和激励。

快手科技副总裁余敬中曾说，"快手把70%的流量都给了普通人的视频"。"下沉""普惠""让普通人被看见"的价值观，快手不仅让很多平凡个体能被理解、尊重，也改变了他们的生活。

2020年12月，丁真入驻快手并开启了直播首秀，一个半小时涨粉100多万，两小时的直播吸引来348万网友在线观看，不仅为个人带来了流量，更为家乡四川甘孜理塘的旅游业贡献了力量。

2020年9月，"工地诗人"李小刚，凭借一首《再别康桥》刷屏网络，并得到央视主播海霞的点赞，还被邀请进央视，与海霞一起"切磋"朗诵。不到半年时间，李小刚快手号涨粉50万，如今粉丝88万。2021年2月11日农历大年三十，李小刚将再度走进中央广播电视总台春节特别节目《中国声音中国年》朗诵诗歌，向亿万观众讲述"工地朗诵"背后的故事。

习近平总书记在2021年新年贺词里说，"平凡铸就伟大，英雄来自人民，每个人都了不起"。"过招"牛人之夜晚会，为创作者提供一个展示自我，追逐放大梦想的舞台。

"通过此次晚会，网红、达人增加了曝光机会，增强了个人IP的传播力、影响力。"沈维林认为，这将更好地为网红、达人赋能，实现粉丝增长、商业变现。

付晓光也谈道，央视和快手打造的"过招"牛人之夜晚会，邀请藏族少年丁真、盲童欣蕊、农民平衡术达人笨笨坤等快手达人与明星同台展示才艺，这本身就是对他们的认可。通过此次晚会，在央视和快手的双重"加持"下，他们的声量被放大，人生故事为更多人知道，未来也充满更多可能。

正如朱迅和快手达人尘客将军在晚会最后的朗诵中讲道，"我们是这个世界万万千千的尘埃，也是这个世界奇迹般的存在。向着光、追逐光，让自己发光。我们，正站在这个最好的世界中最好的舞台"。舞台托举梦想，最好的舞台，让每一个平凡的个体被看见、发光。

3. 大小屏合作，探索融合发展新高度

自媒体融合上升为国家战略以来，尤其是在新时代加快、

深化推进媒体融合的政策驱动下，如何全面挺进主战场，以互联网思维优化资源配置，向互联网主阵地汇集、向移动端倾斜，这是摆在所有传统主流媒体面前的必答考卷。

从开通"主播说联播"进军短视频，到主播直播带货，作为中国最权威的新闻平台，央视新闻在移动互联网时代表现出积极拥抱变化、锐意进取的姿态，这背后也反映出总台进军主战场的探索与雄心。

此次央视与快手的合作，将传统主流媒体与网络平台的合作推向新高度——从简单的你出资源、品牌，我出技术、平台，到真正实现资源的融合、转化，共同生产优质内容。

谈到央视新闻与快手联手打造优秀节目，沈维林认为，作为大屏的央视，去拥抱小屏快手，这是拓展内容生产、传播边界，更是延伸传统主流媒体的影响力，赢得年轻受众的努力。对于快手而言，借助央视的权威性和内容生产优势，可以更好地拥抱主旋律、传播正能量。

付晓光讲道，央视与快手联合打造"过招"牛人之夜晚会，从表面看是明星与达人的同台融合，背后实际上是主流价值与网络文化的融合，构建网上网下同心圆。

谭鲁民表达了相似的看法，"央视是让普通人看见，快手是让普通人被看见，这台晚会，实现了看与被看的统一。快手用户看到一个年轻态的央视新闻，草根达人被主流媒体肯定、传播，这是一种双赢"。

大小屏联动，联合生产优质内容，近几年，广电媒体与快手的互动合作更加频繁。

2021年，10家省级卫视宣布与快手达成春晚合作，"快手上看春晚"将成为一种新风尚；

2020年，快手已与多家省级广电媒体合作，助推广电MCN迭代升级；

2020年，快手联合湖南经视打造自制节目《看见快生活》。

由此可见，小屏于大屏而言不是对立替代，而是交融共鉴，各有其优势和存在意义。

谭鲁民认为，大小屏二者是互补的关系，是内容生态多元化建设的两个重要维度，小屏弥补大屏的交互性，大屏填补小屏的体验感，甚至在商业化方面，大小屏在"声势"和"声量"上都是可以互补的，两者相互助益。

在"过招"牛人之夜晚会上，大屏借助小屏凝聚人气、调动张力、刺激奖励、引导大众狂欢，小屏依靠大屏获得群体认同、精神愉悦。彼此协同，实现共赢。

张腾之建议，广电媒体还可以与互联网平台开展多种节目样态的合作策划、执行运营，包括重大主题报道、重大活动、热点话题、社会舆情，基于公共事件危机处理的共同发起，综艺、纪录、影视剧的合作，品牌宣推，公益慈善行动等。

但他也提醒广电媒体，在合作过程中，广电媒体与互联网平台出发使命不同，应注意"不忘初心，以我为主"，互联网平台能给广电媒体发展以启发、助力，但绝对代替不了广电媒体。说到底，加速向媒体融合纵深发展，进军抢占互联网主阵地，凤凰涅槃，做强自己，这是广电媒体下一步亟须思考并起而行之的问题。

主流媒体如何赢得年轻人？这款叙事互动产品打了个样

本文首发于2022年5月14日

作者：李磊

  作为"网络原住民"，年轻人已成移动互联网时代信息消费的主力军。对主流媒体而言，内容、产品赢得年轻人就赢得了受众，赢得年轻受众就赢得了未来。

  那么，主流媒体该如何赢得年轻人呢？在年轻人热议的产品中，我们或许能找到答案。

  在中国共青团成立100周年之际，一款红色题材叙事互动产品《星火筑梦人》广受年轻人好评与青睐，该产品由共青团中央宣传部指导，中国青少年新媒体协会与腾讯互动娱乐社会价值探索中心联合出品。

  产品聚焦于中国共产主义青年团的成立历程，以6位不同社会阶层的青年为主角，透过青年们的故事，呈现了1919—1922年中国共产党成立前后，青年怀揣爱国理想、觉醒思想，投身爱国事业，推进科学、民主、自由、平等思想深入工农商各阶层的生动实践。

数字视觉小说形式、真实还原团史、沉浸式互动体验……产品引发广大青年体验热潮与共鸣。

产品在华为应用商城、AppStore上分别得到4.9、4.3的用户评分（满分5分），在TapTap得到8.9的用户评分（满分10分）。其主题MV、产品PV，至今已累计播放3431万次，在各个网络平台上赢得大量年轻用户好评、点赞和转发。

这款产品能带给主流媒体哪些启示？

1. 群策群力，优势互补打造爆款产品

一款好的新媒体互动产品，必须满足导向正、内容优、形式新等特点，这样才能吸引用户，尤其是年轻人去体验和传播。但要打造这样的产品，绝非易事，也绝非"单打独斗"就能成功。

作为具有代表性的建团百年叙事互动产品，《星火筑梦人》博采众长，充分发挥社会各界力量，实现了一次跨界合作，为产品出新出彩奠定了坚实的基础。

首先，作为指导机构，共青团中央宣传部能发挥作为群团机关权威宣传部门的政治把关优势，为产品的正确思想性、导向性和价值引领性提供保障。

其次，为确保还原历史的准确性、保证内容制作的优质，《星火筑梦人》充分发挥各个领域的专业力量。

一是作为以真实历史改编、打造而来的产品，为了尽可能保持历史原貌和历史细节，团队邀请了革命史专家党人碑作为历史顾问，做全程指导、把关。

二是中国传媒大学戏剧影视学院、播音主持艺术学院师生的专业"加盟"，从产品的剧本创作到配音、录制，全程的创作均有多位青年师生、教授参与。

"从研究人物小传、剧本大纲，到试音、录制，共20余位中传专业学子参与到配音创作中。当代青年的精神风貌与使命担当，在他们身上得到了充分体现，大家都十分认真积极，投入了大量课余时间排练、录音、剪辑、制作。因疫情影响无法返校的学生，为保障制作进度和录音质量，还自己在家搭建起了录音棚，付出了很大的努力与心血。"中国传媒大学播音主持艺术学院副院长喻梅介绍道。

最后，将内容元素产品化、视觉化呈现，同样离不开专业的技术团队支撑。

作为《星火筑梦人》联合出品方，腾讯互娱社会价值探索中心具有制作此类功能性产品的丰富经验，此前已在传统文化、科普科教、社会公共服务、绿色环保等领域陆续推出20余款产品，并得到良好市场反馈。这也为《星火筑梦人》叙事+互动的创新性呈现打下良好基础。

作为产学研深度合作模式的范例，《星火筑梦人》既发挥了官方、学界在主流价值引领、历史文化专业知识方面的优势，又发挥了互联网科技公司的产业技术优势，多方配合、术业专攻、互补所长，值得市场借鉴。

中国传媒大学新闻学院教授、博士生导师沈浩评价，作为中国共青团成立100周年的纪念之作，该产品精心策划、视角独特、形式新颖、充满正能量，体现出较强的思想性与创新性的统一。

每遇重大节日、重要节点，主流媒体都要做好报道策划，用精品内容、产品赢得受众尤其是年轻人。《星火筑梦人》的实践启示意义在于——

媒体要"开门办报"，树立开放合作的理念，加强跨界融合，在发挥自身内容生产优势的同时，要善于与互联网平台、学界融通，集各家之所长，群策群力，用爆款产品打开受众市场，赢得年轻人。

2.创意创新，新媒体思维赢得年轻用户

一款新媒体产品好不好，用户的口碑是检验的重要维度。《星火筑梦人》便在年轻人群体中掀起了热议。

在共青团中央微信公众号推文的评论区内，"星火筑梦，青年有为！"的留言也呈现刷屏之势。

"饱含力量的嗓子，很让人感动。""唱响了广大青年的青春岁月。"……

在"星火筑梦人"微博话题，有网友听了《星火筑梦人》主题曲后给出了这样的评价。

振奋青年人的精神，产品受到年轻人的喜爱和点赞，《星火筑梦人》做对了啥？

可以归结为"创意创新"这四个字。

相比市场上很多新媒体产品，《星火筑梦人》不仅具备

较强文学色彩与张力，具有深厚的历史学养，而且充满互动性。

从叙事的可读性来看，产品采用视觉小说（动画、幻灯片、小说、游戏等多种表达形式的合体）的新颖表达形式。

以小说的形式演绎青年革命者的奋斗历程，充满戏剧冲突、层层推进、高潮迭起；以视觉化、动态化的画面，再现波澜壮阔的百年团史，更具贴近性，让人物故事与历史进程直观可感。

从产品的互动性来看，产品具有沉浸式的互动、参与特征。

好的产品能为用户留下参与空间，让用户在亲身体验、社交分享等过程中，收获共情、价值认同。《星火筑梦人》设置了20余种互动玩法，吸引年轻用户参与到产品的再创造、再传播过程中来，让热血难凉的红色历程与激荡胸怀的青年壮志，更为有血有肉地呈现在用户面前。

例如，不同角色的选择设置环节，能让用户置身于故事主人公视角参与故事、做出抉择，用智力的博弈推动剧情的发展。

其匠心设置的名为"团史知识"的特色收集系统，也成功地将生动故事与历史科普合二为一，让作品在讲述扣人心弦的中国故事之余，同样能够成为一部翔实客观的"青年运动小百科"。

重庆大学新闻学院副院长、研究员、博士生导师龙伟认为，《星火筑梦人》是一款较为成功的新媒体互动产品，它依托数字技术带给受众更为生动的沉浸式体验，视觉小说这种形式，兼具叙事功能和视听审美，比较新颖，能够使用户更加立体地感知、理解建团前后历史中的故事价值和精神意义。

除此以外，《星火筑梦人》还配套了有声书、MV等内容，以富媒体、多样态的内容形态确保覆盖不同使用习惯、阅读习惯的年轻人。每集10分钟、共48集的产品剧情有声书上线一周，累计阅读量17万，也验证了多样化组合的成功。

以"叙事"最大限度还原真实历史，以"互动"体验及多种玩法的组合让历史更加生动可感、便于记忆。《星火筑梦人》通过寓教于乐的形式，为当代青年开设了一堂团史学习课程，以润物细无声的方式弘扬主旋律、传播主流价值观。这启示主流媒体——

要坚守用户本位，生产、创造年轻人喜闻乐见的内容和产品，既要加强创新，用新颖的表达吸引年轻人，又要结合新媒体传播特征，增强年轻人的参与感与获得感。

3. 视角独特，讲好平凡青年故事

一个好故事胜过万千大道理。《星火筑梦人》既是一部历史故事，也是6个年轻人的人物故事，有历史纵深感，也具有鲜活的时代性。在讲故事方法上，产品也别具匠心，采取了独特视角讲述青年人的故事。

一是锚定百年前普通青年的视角，补足了宏大主题中对个体叙事的缺失，让追求个性化的新一代青年更为共情地投入这段百年革命往事。

满腔热血的北大学子罗世唯、出身书香世家的青年画家江河西、家境困顿但学习优异的叶送声、为争取劳工权益与父亲

决裂的富商千金施少婷、逃离封建包办婚姻的农村少女周小满、初心向革命却渴望着权力的富家子弟王鸿达……以离青年最近的基层革命者视角塑造人物，不仅增加了历史质感，还能让年轻人找到一个可以与其内心产生碰撞的学习目标。

中国传媒大学戏剧影视学院教师王婧透露，剧本在历史真实和艺术想象的边界上都做了比较严谨的考据，力求做到"大事不虚，小事不拘"。以尊重历史的态度，创造性地选取了其中的历史片段，并以共青团诞生过程当中平凡的青年人作为主人公，抒发了千千万万的进步青年加入共青团组织，坚持理想和信念，为共产主义事业奋斗，将奋斗火种绵延百年的传承精神。

二是穿越史今，设计了两个历史时空的交叠与呼应。

《星火筑梦人》的故事线索，从历史系的青年学子帮助罹患阿尔茨海默病的爷爷寻找回忆开始。在追溯中国共青团诞生线索过程中，少年的求知与老人的执着，借由亲情紧密连接，寻回百年记忆的旅程就此开启。

通过悬疑解谜的线索，推动用户追随当代的叶述豪视角，去不断体验历史情境。不仅能深入体验革命的激情故事，还能在这种跨年代视角下，强化对先辈的精神感知和传承动力，拉近了用户和历史之间的心理距离；同时，用户完成互动任务还能获得奖励，触发与爷爷进行情感交流的机会，以此为下一步的历史情景回顾提供清晰线索，从而也提升了用户在剧情中的代入感。

喻梅认为，《星火筑梦人》可以界定为公益性质的红色叙事互动产品,其既有宏大的历史主题和真实的历史事件作为背景,又有独特的产品结构框架和交互方式,是一种全新的创作尝试,这种寓教于乐的设计如盐入水,润物无声,让青年在互动过程中不仅能回望历史的发展,也能真切地感受到历史人物身上的闪光品质及精神价值。

沈浩评价道:"《星火筑梦人》的创新表达方式,贴近受众,将大部头的历史置于新媒体空间,让历史动起来、活起来,让新旧时代的青年穿越时空对话,具有全新的时代性,符合'Z世代'群体的审美特征与偏好。"

《星火筑梦人》观照当下与历史,以普通青年的视角讲好青年故事,让青年人在读故事中重温团史、牢记使命、开创未来。这对主流媒体的启示意义在于——

一方面,要善于挖掘历史史料,讲述有内涵、有价值、可读性强的好故事;另一方面,要创新讲故事的方法,以平视的视角与年轻人对话,让故事形象可感、可触,与当代年轻人共情。

习近平总书记在庆祝中国共产主义青年团成立100周年大会上的讲话中强调,共青团要立足党的事业后继有人这一根本大计,牢牢把握培养社会主义建设者和接班人这个根本任务,引导广大青年在思想洗礼、在实践锻造中不断增强做中国人的志气、骨气、底气,让革命薪火代代相传!

《星火筑梦人》精心策划、创新表达、以年轻人为本位,以"星火"传"薪火",以"中国梦"承"家国梦",为建团百年献礼,为当代青年搭建了一座直通团史的桥梁,延续了中华民族青年矢志报国、不懈奋斗的价值谱系，是引导广大青年接受思想洗礼，促进当代青年健康成长的标杆案例。

市场有所需、企业有所为，《星火筑梦人》背后是以腾讯为代表的互联网科技公司积极探索多元合作模式，以数字技术助力新媒体产品创新表达的典型实践。这种实践具有示范效应，将促进更多互联网企业发挥技术优势、平台优势、人才优势，深度融入产品创意打造、文化传播创新等行动中来，营造"百花齐放"、积极向上、反映主流价值的社会文化氛围。

一个端午互动,凭什么吸引152个国家的海外华人参与?

本文首发于2022年6月6日

作者:叶莉

"冲波突出人齐譀,跃浪争先鸟退飞。"五月五过端午,怎能少得了吃粽子、熏艾草、佩香囊、看龙舟竞渡这些传统习俗!

2022年6月3日,"龙腾虎跃"2022海峡两岸赛龙舟活动线下直播开赛的同时,一款由电影频道融媒体中心出品、腾讯区块链提供技术支持、《天涯明月刀》进行合作推广的新媒体互动产品《龙腾虎跃——一水同舟向未来》也同步上线,吸引众多网友一边看比赛一边参与到划龙舟的互动游戏中来,线上线下竞相争渡,气势如虹,燃起端午豪情。

《龙腾虎跃——一水同舟向未来》是如何巧妙融合传统习俗与非遗文化,燃情端午的?在文化遗产的保护与传承方面,数字技术能提供哪些创新助力？

传媒茶话会对话中国传媒大学文化发展研究院副院长卜希霆，揭秘一款互动游戏背后的文化内涵与精神传承。

跨屏击水奋楫，划满端午仪式感

"一点龙眼，风调雨顺，国泰民安；二点天庭，吉星高照，两岸和平……"

2022年6月3日，随着点睛仪式进行，"龙腾虎跃"2022海峡两岸赛龙舟活动在厦门集美正式开赛。海峡两岸的队员们奋力击水，手起桨落，一只只龙舟飞驰而出。

赛龙舟是对爱国诗人屈原的纪念，"亦余心之所善兮，虽九死其犹未悔"，在龙舟跃浪争先的同时，根脉相连的两岸中华儿女也迸发出激扬奋斗的精神，同心向未来。

线下龙舟赛场人声鼎沸，热闹非凡；线上互动游戏龙腾虎跃，火爆至极。

由电影频道融媒体中心出品、腾讯区块链提供技术支持、《天涯明月刀》进行合作推广的新媒体互动产品《龙腾虎跃——一水同舟向未来》与线下赛龙舟活动同步上线，跨屏互动，表达同心齐力、共向未来的美好祝愿，燃起万千网友的端午激情。

"哈哈哈，我在教室里划船，我同桌以为我'疯'了。"

"都快把一年的运动量给划完了！"

"我妈划得都比我远，不愧是广场舞女王。"

"看着我弟那手臂挥舞得都快起飞,不是自己的了。"

……

网友们一边看比赛,还能一边扫码参与到划龙舟小游戏中,拿起手机,参照划桨姿势,奋力开始划!划!划!速度越快,"龙舟"划得越远,得分也就越高。划出50米,就能领取一份融合了传统龙舟元素、世界文化遗产福建永定土楼,以及石狮、灯笼等传统非物质文化遗产的端午特别纪念版NFT,为自己的端午留一份纪念。

闻着粽香、艾草的气息,感受着电视里龙舟竞渡的激情,看着手机里一眼青绿的福建永定土楼景色,划起手中的"小龙舟",端午节的氛围感、仪式感、参与感瞬间拉满。

上线当天,《龙腾虎跃——一水同舟向未来》新媒体互动全网曝光量达3.2亿,PV 1100万+,UV 570万+,两项数据均创《天涯明月刀》新媒体互动产品的历史新高,吸引152个国家的海外华人共同参与。

在卜希霆看来,这一互动游戏的非遗实践可圈可点。

第一,实现数实融合。《龙腾虎跃——一水同舟向未来》以线下"龙腾虎跃"2022海峡两岸龙舟活动为背景,线上线下同频共庆端午,实现了数字与现实的完美同步。

第二,赋能遗产创新。数字化技术手段让端午文化呈现可视化、传播互动化、体验沉浸化、共享便捷化、消费多元化,有效推动承载着中国智慧、中国精神的非遗文化不断出圈。

第三,体验寓教于乐。端午节是中国四大传统节日中除春节之外,文化溯源与文化习俗最为丰富的全民性节日,包含了佩饰、饮食、卫生、竞技、祈福等五大习俗。这款新媒体互动产品以Z世代喜闻乐见的娱乐竞技方式迎接端午，可以让Z世代更好传承端午文化习俗。

第四，促进文化共情。疫情之下，这款新媒体互动产品充分挖掘端午节健康积极的文化内涵，活化传统龙舟竞技运动的同时，融合永定土楼非遗文化场景，组成端午赛龙舟的生动文化意象，以端午节为载体，贯通传统文化与当代价值，跨越时空凝聚中华民族团结一心的精神纽带、自强不息的精神动力。

IP游戏深溯非遗民俗，文化遗产活起来！

玩游戏时，细心的网友会发现《龙腾虎跃——一水同舟向未来》中深藏着不少端午文化和非遗元素。

比如，溪岸边，与青山绿水为邻的世界文化遗产福建永定客家土楼，遵从现实中土楼建筑在山间谷地、溪河两岸的风格，让网友们对土楼建造的地理特点有清晰的认识。溪水前，"天涯共此楼"旗幡矗立，云旗猎猎，石狮威武，龙头鼓手擂鼓震天，红绿相间的龙舟同水竞逐，生动描绘着千年间流传不变的非遗文化赛龙舟习俗。溪对面，巍峨的民族英雄郑成功石像傲立浪头，驱荷复台的历史故事犹在耳边，诉说着两岸中华儿女炽热的爱国之情。

点击"起航"，"龙舟"开划！岸边还有天香、白玉京等不少网友熟悉的《天涯明月刀》游戏角色为自己加油助威，拉近年轻网友与文化遗产、非遗民俗的距离。争分夺秒划出成绩后,网友还能领取一份端午特别纪念版NFT珍藏,提升互动获得感。活动结束后,用户可通过腾讯区块链配套的"时空藏馆"微信小程序查阅欣赏,并可生成海报分享点赞。

腾讯区块链产品负责人梁军说道:"腾讯区块链自2015年起独立自主构建区块链服务基础设施,7年来在共识机制、大规模组网、十亿级用户规模、隐私安全、监管便利、性能和扩展性方面积累了丰富经验和案例。此次我们通过区块链技术,保障了'一水同舟向未来'活动数字藏品的唯一性、真实性及其收藏价值。数字技术让更多Z世代年轻人关注和喜爱传统文化,并活跃参与文化产品共创,让古老的端午文化在数字世界中生生不息,焕发出新的内涵和价值。"

近年来,文化遗产凭借与爆款IP的联动,频频出圈。

2021年12月,在历经20世纪历史与烽火洗礼的"云上土楼"环兴楼,"客从何处来"《天涯明月刀》主题沉浸式剧场正式落地,集"沉浸式导游""互动式展览馆""角色扮演实景剧本杀"于一体,打造全新文旅IP。剧场落地时,《天涯明月刀》游戏内也同步更新东越土楼场景,融入万应茶、太公家训等当地非遗与客家文化元素,连通线上线下,打造数字文旅新体验。

《天涯明月刀》IP总架构师顾婷婷表示,《天涯明月刀》作为一个真正浸润了国风文化的IP,在面对永定客家土楼短途化、老龄化问题时,决定与永定文旅部门一起在现实中焕新"永定环兴楼",为土楼与永定文旅注入新能量,在游戏内重塑场景"东越环兴楼",融入深度客家文化剧情。通过游戏带给用户永定福建土楼文化传承的体验，同时在虚拟世界中保存一份历史文化的宝藏，让《天涯明月刀》的非遗探索真正担负起"融合科技和文化""连接传统和未来"的使命。

此次，在端午节上线新媒体互动产品《龙腾虎跃——一水同舟向未来》，只是《天涯明月刀》以数字IP助力面临老化的永定客家土楼群重焕新生的一个缩影。长期以来，《天涯明月刀》一直坚守保护世界文化遗产的初心，与永定客家土楼达成"三楼一线"战略合作，承诺双方在文旅方面深层探索激活文化遗产的新方法、新形式。

除了环兴楼，双方也在"土楼公主"振福楼邀请百名KOL拍摄贺岁片，于"土楼王子"振成楼落成瑞丽"国风之夜"时尚走秀，多点串成一条体验丰富的文旅线路，不断为土楼注入年轻人喜爱的内容，吸引大众关注和参与。

卜希霆认为，线上线下文化接力、数字与实体无缝融合，可以让文化遗产走出在地、面向更多年轻受众群体，在寓教于乐传递非遗文化的同时，构筑中华民族风雨同舟的精神家园，不仅能鲜活反映人们追求美好生活的积极参与感，还可以进一步激活文化遗产的经济价值和社会价值，拉动消费促进社会经济发展，实现文化遗产的可持续、创造性传承。

数字助力传承，文化精神代代传！

党的十八大以来，习近平总书记高度重视传承发展中华优秀传统文化，他指出，中华民族在几千年历史中创造和延续的中华优秀传统文化，是中华民族的根和魂。要让收藏在禁宫里的文物、陈列在广阔大地上的遗产、书写在古籍里的文字都活起来。

文化遗产对中华民族的精神传承有着重要作用。然而，当下文化遗产的保护与传承却面临着资金不足、传承断代、陷入"博物馆式"静态传播等困境。

如何让静态的文化遗产活过来，将文化精神传承下去，成了当前需要解决的重要问题。

幸运的是，随着互联网、大数据、虚拟现实等技术的发展，数字技术开始深入文化遗产保护与传承方面的工作，为突破上述困境带来更多可能性。比如本次的《龙腾虎跃——一水同舟向未来》活动全网曝光量高达3.2亿，PV高达1100万，同时在端午节上线当天就辐射到了全球152个国家和地区，不少海外华人通过这项新媒体互动，隔屏感受中华传统节日氛围，线上收集非遗数字藏品……身在异国、梦回家乡，"云"度端午佳节。

腾讯新文创研究院院长、腾讯集团市场与公关部副总经理岳淼表示："我们秉持'向善'的创意理念，借助互联网数字技术的能力，兼顾数字与现实场景，搭建用户与传统文化内容的桥梁。希望能在端午佳节之际，凝聚中华民族一水同舟的精神，让全球用户一同感受端午的美好氛围。"

近年来，在数字化助力文化遗产保护与传承方面，腾讯一直在探索与实践。

2019年，腾讯携手龙门石窟上线"智游龙门石窟"小程序，助力龙门石窟的文化保护；2020年2月，腾讯与敦煌研究院推出"云游敦煌"小程序,传承千年敦煌文化;2021年,联合北京市文物局发起"数字中轴"项目,上线"云上中轴"小程序,助推北京中轴线申遗;2022年除夕,与中央广播电视总台央视综合频道《古韵新春》节目组、央视网,湖北省博物馆联合推出《古律叩新春,礼乐承千年》新媒体互动项目,让礼乐之声响彻万家;2022年端午之际,推出融合了永定土楼、龙舟等非遗元素的《龙腾虎跃——一水同舟向未来》新媒体互动产品,连接海内外中华儿女的家国情……

"可以看到,数字技术为非遗文化提供了数字化的创新引擎与驱动。数字化应用场景中的数字展示、数字交易、数字消费、数字娱乐、数字文博等新业态都应与非遗文化'双向奔赴'。而借助区块链、人工智能、物联网等技术融合的下一代网络Web4.0,非遗文化也可以实现'数字永生',实现代际公平。"卜希霆说道。

"每一种文明都延续着一个国家和民族的精神血脉,既需要薪火相传、代代守护,更需要与时俱进、勇于创新。"可以相信,在数字技术的助力下,文化遗产有望进一步焕发生机,文化精神终会代代传承、绵延不息。

一场主题直播超亿人次观看,"中国退役军人"这样出圈!

本文首发于 2022 年 9 月 21 日
作者:韩筱一

超亿人次"共上一堂课",这场 72 小时直播让红色教育出圈!

最近,退役军人事务部宣传中心推出"山河锦绣 英雄归来"迎接第九批在韩中国人民志愿军烈士遗骸回国 72 小时主题直播活动,受到社会广泛关注,引发热烈反响。

"向英雄们致以最高敬意!这些历史应该写进学生教材,让世世代代的后人永远铭记于心!"9月15日,"中国退役军人"视频号直播间,抗美援朝老战士李先彬讲述着 70 多年前朝鲜战场上的场景,网友"@勇敢的心"留言向志愿军老战士致敬。直播间里,类似这样的留言有成千上万条。

"全民国防教育是建设巩固国防和强大人民军队的基础性

工程……意义重大，影响深远。"为贯彻习近平总书记关于烈士褒扬工作重要指示精神，纪念中国人民志愿军抗美援朝出国作战72周年，退役军人事务部宣传中心自9月14日12时到17日12时全网推出"山河锦绣　英雄归来——第九批在韩志愿军烈士遗骸回国"72小时主题直播活动。围绕"红色记忆""烽火故事""回家之路""英雄归来"等主题策划了为期四天的直播内容，多层次、多角度邀请网友走进抗美援朝的烽火岁月。上亿网友线上共听一堂国防教育课，通过留言互动、线上献花等方式表达对志愿军烈士的深切思念。

本次直播以"中国退役军人"全媒体矩阵平台为主线，人民日报、新华社、人民网、新华网、央视网、海外网等百余家媒体矩阵同步直播，全网破亿人次观看；学习强国、央视频、微信视频号、百度、B站等平台置顶，快手、抖音开屏推荐，在社会化平台的共同助力下，多次登上各平台热搜榜榜首，相关话题阅读量突破35亿。人民网、新华网、央视、中国纪检监察报、中国青年网、环球网、海外网、中国警察网等百余家媒体对直播活动进行报道。与此同时，"山河锦绣　英雄归来"主题海报登上北京世贸天阶、来福士广场、富力广场等场所的6000块大小数字屏，渲染了褒扬英烈的浓厚氛围。

各界人士认为，此次72小时直播活动紧扣主题，以"融合+青年"宣传理念，引导社会各界尤其是青少年自觉缅怀、纪念、尊崇、学习革命先烈，传承红色基因，对在全社会弘扬英烈精神起到了积极作用。

立足红色资源，开辟独特视角

9月14日中午12时，北京天安门广场人民英雄纪念碑前，"中国退役军人"融媒体主播向网友介绍本次直播所含内容，一场72小时不间断的线上国防教育课自此开启。在这场直播活动中，整体策划打破了宏大叙述、全面讲述的传统红色教育思路，力求以互联网小切口、近距离、对话感、故事化的传播视角切入，将雄赳赳、气昂昂的伟大抗美援朝精神，跨越时空让大家铭记弘扬。

小切口。直播首日，全国多地红色纪念设施依次上线，从北京的中国人民革命军事博物馆到沈阳的抗美援朝烈士陵园，从江苏的杨根思烈士陵园到重庆的邱少云烈士纪念馆……一幅幅抗美援朝历史画卷由此展开。四川中江黄继光故居内，讲解员、黄继光的侄子黄拥军讲述着中国人民志愿军特级英雄黄继光的故事。"黄继光是我的三爸，他牺牲时我还没出生，这种特殊关系让我讲起三爸的故事时更亲切、更动人，我要把他的故事讲好，讲给更多人听。"直播中，讲解员通过一张桌、一封信，一个个可感触、可共鸣的故事带网友走进一位位抗美援朝英雄的战斗人生。

近距离。伟大出自平凡，平凡造就伟大。平凡英雄的故事总能深深打动网友。直播还邀请到来自全国各地20多位抗美援朝老战士口述历史，生动还原真实的战斗场景。"零下45度是什么概念？"志愿军老战士李先彬描绘着当年冰天雪地里的战争场景："我的脚指甲都冻掉了，生死已经置之度外了……"

他们操着乡音,讲述当年激烈的战争场景。"数我年纪最小,我父母不让我去战场,但我就是想当兵,我不怕牺牲,为国尽忠很光荣!"志愿军老战士张诗义泣不成声,仿佛又回到了当年那个16岁的自己。网友纷纷刷屏:"爷爷不哭,致敬英雄!请一定健康幸福!"

对话感。直播走进多所学校,与大学师生诵读抗美援朝红色家书、与多所小学共念抗美援朝经典课文,让一份份深切思念、一幕幕历史故事跨越时空,重现眼前。"儿子今天是一个革命军人,将来能为人民出更大的力、尽更大的责任……"这是抗美援朝战士毛真道1953年写给父亲的家书。这些写给父母、爱人、子女、兄弟的家书,文字朴实,写满了英雄来自战火的牵挂。"烈火在他身上烧了半个多钟头才渐渐地熄灭。这位伟大的战士,直到最后一息,也没动一寸地方,没发出一声呻吟……"黑龙江省伊春市大箐山县朗乡小学的学生们齐声朗读课文《我的战友邱少云》,童声琅琅,传承英雄精神。

故事化。直播活动还连续两个夜晚与网友一同重温抗美援朝经典电影,《英雄儿女》《上甘岭》《长空雄鹰》等十余部优秀作品展映,凌晨仍旧有千万网友在线上观看,并纷纷留言"原来老电影那么好看动人"!

72小时直播,从红色纪念设施到老英雄口述历史,从红色家书到经典老电影,一直不断有网友进入直播间,大家以不同形式、多重角度直观了解抗美援朝英雄事迹、学习英烈精神,厚植爱国情怀。通过积极探索运用互联网思维,实现红色故事讲述打开国防教育的新切口,将迎接第九批在韩志愿军烈士遗骸活动的社会氛围一步步推向高潮。

内容生动多样，厚植爱国情怀

"直播72小时，不仅有时间节点上的纪念意义，我们更希望通过持续的、形式多样的直播活动，多方助力，实现破圈，邀社会各界一同上一堂聚焦抗美援朝精神的国防教育课！"退役军人事务部宣传中心相关负责人介绍，本次活动充分整合了退役军人事务系统、现役部队、红色纪念设施等资源，不仅让这堂国防教育课内容丰富、意义深远，还要运用互联网思维，让这堂课讲得生动有趣，能被社会各界尤其是青少年接受。

这里有英雄的战友。"影视剧中志愿军战士在冰天雪地里吃炒面、冻土豆的场景，都是真实的吗？"抗美援朝老英雄王金玉、石景林在直播现场解答网友们的疑问。"能吃到冻土豆已经很不错了，土豆这种食物要看季节的，很多前线战士连土豆都吃不上。"老战士石景林告诉网友，艰苦作战环境下，饿肚子是常事，支撑志愿军战士们的是两个信念："活下来！把仗打赢！"

这里有英雄的"家"。"一笔一画地描着他们的名字，仿佛又把他们的人生过了一遍……"直播中主播来到沈阳抗美援朝烈士陵园，这也是第九批在韩志愿军烈士回国后的安葬地。主播单膝跪在一个又一个烈士墓前，轻轻擦拭着碑上微尘，为烈士带去来自广大网友的敬仰。"能帮忙找下邱明吗？""李贺，谢谢""我叫张星"，当主播来到镌刻着抗美援朝烈士姓名的英名墙前，不断有网友在直播中留下名字，希望主播寻找与自己同名的英烈。当一个个名字被找到，网友激动地留言：透过直播仿佛看到数以亿计的后来者正在英烈们拼命守护的土地上传承、奋斗……

这是陪伴英雄的回家路。9月16—17日，活动全程直播了第九批在韩中国人民志愿军烈士遗骸交接迎回及安葬仪式。"这几天，我在手机上看直播，听了很多志愿军英雄的故事。迎回仪式现场，国家以最高礼遇接英烈们回家，现场令人落泪！"

这里见证英雄的精神传承。迎回仪式后，护边员、护林员、国门边防警、英雄连队等来自不同地域、不同职业的代表在直播中开启了一场持续12小时的接力慢直播，共同守护英雄回家路。网友"cxy"留言："听不够你们的故事，当你们飞向星辰宇宙，怎舍得只剩一句永垂不朽，最可爱的人啊，时光请走慢点……"

整合平台资源，紧扣时代脉搏

江苏镇江，宜城中学组织新生观看直播。课间，七（五）班的吴锐晨同学主动向班主任申请，想借手机再多看一会儿。"没想到，电影《长津湖》里描述的战争惨烈情况，竟然是真的。听到李爷爷说，他被两架机枪扫射，伪装成尸体躺在壕沟，才骗过敌人，冲到指挥所时，我浑身寒毛都竖起来了！"吴锐晨还有一个小愿望——和同学们在本学期前往李先彬老英雄家中，向老人致敬。在老师和当地退役军人事务部门的帮助下,他打通了李爷爷的电话并征得了同意,李先彬说:"欢迎你来我家!我给你讲更多故事!"

浙江丽水,退役军人孙善鹏关注了这场直播。"我看到志愿军烈士遗骸迎回安葬的直播画面时,内心百感交集,又难过又感动。阔别72年,英雄们终于能回家了。我们一家人都在看,眼眶都红了。志愿军英烈永垂不朽!"

湖南长沙,湖南省长沙县天华小学六年级104班学生在直播中朗读着课文《青山处处埋忠骨》。班主任符嘉雯表示,能参与到这场活动中,让学生以这种方式致敬志愿军英烈,她很开心很荣幸。"相信这次活动后,学生们对抗美援朝这段历史会有更深刻的了解和体会,平时也能通过更多地阅读相关资料去主动了解抗美援朝志愿军的英雄事迹,能够铭记不畏强敌、不惧艰险的革命英雄们,将爱国主义精神扎根于心底、落实于点滴!"

辽宁沈阳,市民陈凯在朋友圈关注到这场直播。"跟随直播走进沈阳抗美援朝烈士陵园,一座座烈士墓碑在此伫立,我仿佛触摸到了志愿军战士的风骨。他们是祖国的英雄,是白发慈母日思夜盼的孩子,是妻子痴痴守望的丈夫……祖国在等他们归来,亲人在等他们归来!"他决定要去陵园里看看,看看家乡土地上埋葬的这些志愿军英烈,亲手献上一朵菊花。

雪域高原上,作为直播参与单位的第76集团军某旅邱少云生前所在连的官兵表示,"身为邱少云生前所在连的一员,我们将继续传承和发扬'纪律重于生命'的邱少云精神。用一往无前的勇气、敢打必胜的硬气,练好技能,练强素质,用实际行动告慰志愿军英烈"。

在策划推出72小时不间断主题直播活动基础上，退役军人事务部宣传中心发挥自身优势，联合视觉中国、沈阳抗美援朝烈士陵园等单位积极开展线下宣传活动，多座城市的6000块数字屏展播主题海报，数十块展板让民众留言寄相思。这些活动正是发挥爱国主义教育主阵地作用，用好烈士褒扬红色资源，对加强爱国主义教育和国防教育具有重要意义。

"这是一次创新形式的爱国主义教育和国防教育宣传探索行动。"宣传中心相关负责人表示，还有太多英雄的故事等待挖掘、太多的宣传形式有待探索，退役军人事务部宣传中心将继续通过多种形式、多重视角讲好英雄故事，引导社会各界，尤其是青少年学习英雄事迹，传承红色基因，弘扬英烈精神，在抚今追昔中坚定前行意志。

后记　价值观指引我们坚实前行

刘灿国
中国经济传媒协会副会长、传媒茶话会创始人

2022年2月初，传媒茶话会刚过完五周岁生日不久，人民日报出版社第二编辑中心林薇主任和梁雪云编辑找到我，问我是否有意向将传媒茶话会创办至今的原创文章结集出版。我思考了几天，欣然答应了她们的提议，我认为是时候让传媒茶话会的内容走向更广阔的市场，服务更多的新闻宣传工作者了，于是便有了这三册书。

从2017年1月17日创办至今，传媒茶话会的粉丝数和影响力一直稳步增长，成长为目前在新闻业界和学界都有一定影响力的传媒研究公众号，这背后支撑我们的并不是雄厚的资金，或者神通广大的人脉，而是从创立之初一直坚守至今的价值观。

在这里，我也想和大家分享一下传媒茶话会创办至今一直坚守的价值观——让媒体人更有尊严、与媒体共同向善、坚持改革开放。是它，鼓舞我们坚实前行。

让媒体人更有尊严，是传媒茶话会价值观的第一组成部

后记 价值观指引我们坚实前行

分,也是我们的立身之本。

用内容引领做法是让媒体人更有尊严的有效办法之一。

预见、权威、影响是我们的slogan(口号),也是我们以内容引领媒体的三个衡量指标。

预见,就是预先看见趋势和风险。

如果媒体是一艘航行在大海上的船,那么传媒茶话会就在努力成为船头的瞭望者,期望通过我们的文章帮大家避开报道中的险滩暗礁。

《"新中国成立70周年",这18种不规范表述请注意》《媒体人必读:"一带一路"报道中这些雷区千万不要碰》《庆祝建党100周年!新闻报道这8大事项一定注意》《独家|二十大报告中这些规范表述,媒体人千万别用错》,这些耳熟能详的文章总在重要节点前为媒体厘清概念,为其报道专业化提供参考。

权威,就是不追流量,只求专业。

《唐山打人事件是女性的噩梦,报道缺乏正确价值观是公众的噩梦》《地摊经济大火,新闻报道别跑偏》《红黄蓝幼儿园"虐童"报道,这些事,媒体人必须注意!》……这些报道的特点在于:一是触及主流媒体所关注的难点和痛点;二是对话的对象要么是业内大咖,要么是学界专家;三是呈现的观点尽可能有现实针对性和指导性。

影响,就是影响有影响力的人。

传媒茶话会微信公众号本身就是建立在社群的基础之上的。目前,我们拥有3个媒体高层交流群、1个退休媒体高层交流群、3个媒体中层交流群、61个粉丝交流群。由于我们的社群纯度很高,且有很多媒体和学界中高层粉丝,也都比较活跃,业界公认我们为"金粉公号"和"头部大号"。

与媒体共同向善是传媒茶话会价值观的第二组成部分。

记者笔下有人命关天。新闻舆论工作是把双刃剑,用得好可为生民立命,用不好则可能造成二次伤害。

因此,作为新闻业务研究公众号,我们主张媒体报道向善,要流量更要正能量。2022年3月21日下午,东航一架载有132人的飞机在广西藤县坠毁,伤亡不明。当中国民航局正派出工作组赶赴现场,具体伤亡情况和事故原因都还有待调查的时候,有个别商业媒体情绪化地带节奏,错误引导舆论。

我们发现这种不良苗头后,当即发布评论《东航空难!伤亡和原因不明!警惕部分自媒体误导舆论》,指出媒体在报道时,要客观理性分析,警惕无缘由地发布臆测和误导公众的内容,及时辟谣,同时尽量做到快报事实,在事实的基础上,循序渐进推动报道节奏。

2022年5月3日,很多媒体都在客户端推送了《杭州市国安局对马某依法采取刑事强制措施》。杭州、马某,这些关键词让人联想到了某马姓知名人士,舆情和各种猜测瞬间发酵。

我们敏感意识到媒体这种化名方式不妥,当即发出《杭州马某被抓?使用化名要避免误解、猜测》一文,指出:新闻报道使用化名应遵守避免造成误解、猜测的重要原则。

坚持改革开放是我国的基本国策,也是传媒茶话会价值观的第三组成部分。

我们一直提倡并呼吁媒体,在报道中坚持改革开放,为我

后记 价值观指引我们坚实前行

国的经济发展助力;坚持以客观、公正、中立态度报道民营企业和外企,不要为了迎合部分公众需求而发布偏颇的信息。

2022年2月中旬,"星巴克驱赶门口吃盒饭民警"持续引发公众热议,一些媒体尤其自媒体的报道已经偏离了新闻客观、公正的原则。

在星巴克道歉后,公众的情绪仍旧没有得到安抚,2月16日,涉事星巴克门口,被摆上白花,还被扔了一地鸡蛋,甚至有网友在网上发起抵制星巴克的行动。

我们发布《星巴克被送冥币、扔鸡蛋!媒体应正确引导网民情绪》,文章建议媒体在面对类似星巴克的事件时,要警惕非理性的网民情绪,避免被其裹挟,同时,还应积极主动疏导。另外,我们还提出,一些外企对华态度相对友善,在协调中国国际关系层面或将起到重要的润滑剂作用,这正是坚定不移扩大对外开放的题中应有之义。

此外,我们一直呼吁媒体对企业要带着善意,准确监督、科学监督、依法监督、建设性监督。

早在2018年,我们就发布了《"啄木鸟"式舆论监督是新闻业界良心》。文章指出,舆论监督要以客观事实和真实数据作为报道基础,舆论监督是疏导不是添堵。尤其是,它要像啄木鸟一样,啄一棵树里的害虫,不是为了把树击倒,而是让其健康生长,这才是我们新闻业界的良心。

大鹏之动,非一羽之轻也;骐骥之速,非一足之力也。传媒茶话会发展至今离不开一直给予我们支持、指导和关爱的主管部门和相关领导,离不开和我们分享观点、给我们建议的诸位媒体大咖和学界专家，离不开一路相随的35万多粉丝，离不开曾经为传媒茶话会付出过心血的小伙伴们，当然更离不开一直坚守在传媒茶话会的同事们，是我们共同的努力成就了传媒茶话会的品牌。

行笔至此，仿佛一位老父亲在向亲友介绍夸奖自己的孩子，难免给人一种自卖自夸之感，但确实是肺腑之言。文章中，有些观点如有偏颇，还望大家海涵。

牛顿说，"如果说我看得比别人更远些，那是因为我站在巨人的肩膀上"，我们不敢奢望书中的案例能有巨人肩膀般的高度，令读者的视野豁然开朗，但我们努力让每一个案例成为读者探索新领域的垫脚石，哪怕增加一寸的高度，那便是我们文章的意义所在。

未来，传媒茶话会将继续致力于做行业的朋友，坚守我们的价值观，做长期主义者，等待时光的馈赠。

大咖推介

1. 第二届范长江新闻奖获得者、人民日报海外版原总编辑　詹国枢

《采编小技巧》《避雷小建议》《爆款小经验》——传媒茶话会编写的"传媒实操小红书"系列图书（三册），只看这书名，就相当吸引人！这样的书，对于媒体工作者，实用性极强，价值不会小。什么叫价值？满足需求，就是价值。能够如此有针对性地满足媒体记者需求，可见策划者是用心了。这三册小书，依老詹之见，大卖是必然的。

2. 第九届长江韬奋新闻奖（长江系列）获得者，南开大学新闻与传播学院院长、教授　刘亚东

这套"传媒实操小红书"系列图书（三册）汇集了传媒茶话会创办6年来的精品文章。常常翻阅这套书，对媒体人大有裨益。

3. 第十一届长江韬奋奖（韬奋系列）获得者、爱奇艺首席内容官　王晓晖

以往的传媒图书大多聚焦新闻采写、深度报道等某一个方面，而传媒茶话会出版的三册"小红书"将采编技巧、爆款经验、重大报道注意事项都纳入进来，拓宽了选题的维度，也拓宽了图书的读者群体。将抽象的知识和经验转化成书并不是易事，传媒茶话会交出了一张高于行业预期的答卷。

4.第十二届长江韬奋奖（韬奋系列）获得者、中央广播电视总台创新发展研究中心召集人　杨华

作为新闻行业领域的观察者，传媒茶话会一直关注媒体、媒介乃至传媒环境的变革与发展，创号6年之际推出这套精品力作，忠实记录下了一段行业发展历程，可以作为记者、编辑的案头书。

5.第十六届长江韬奋奖（长江系列）获得者，新民晚报社原党委书记、社长、总编辑　朱国顺

深入观察、专业权威，传媒茶话会从行业研究新媒体平台的定位出发，给传媒人奉上一套佳作。作品既保持了高度的新闻敏感，又体现出客观、审慎的态度，而这些正是新闻工作之要诀所在。

6.第十七届长江韬奋奖（长江系列）获得者，南方报业传媒集团党委书记、社长　黄常开

百篇文章、30余万字，全书总结了大量新闻工作者的实际需求，对重大报道、爆款秘诀等内容进行深入解读。书中的价值观和方法论非常严谨，对新闻工作中存在的共性问题给出了一定解决方案。

7. 中国经济传媒协会会长　赵健

传媒茶话会作为中国经济传媒协会主管的传媒研究公众号，创办6年，其命维新，始终以互联网思维紧盯媒体融合发展，围绕行业痛点、堵点、难点，研究采编、经营、融合新趋势，沉淀下一批有流量、有口碑的佳作。此次传媒茶话会将部分精品集结成书，既是对微信公众号新传播方式服务传媒研究的一次阶段性回顾，更是对媒体融合发展新经验、新探索的一次集中展示。凡是过往，皆为序章，祝愿传媒茶话会以终为始，开启下一个、再下一个6年。

8.《新华每日电讯》总编辑　方立新

"传媒实操小红书"聚焦媒体发展、新闻业务中的实际问题，具有很强的问题意识和指导性。值得收藏、细细品读。

9. 中国新闻出版传媒集团党委书记、董事长　马国仓

话题切合实际、内容全是干货、读后大有收获。由传媒茶话会主编、人民日报出版社出版的这套书，内容紧紧围绕采编、融合、经营等当下媒体实用议题，具有很强的业务指导性和工作针对性，是媒体工作者日常必备的案头书、业务学习的"加油站"。

10. 央广传媒集团有限公司党委书记、董事长、总经理　王跃进

这三册"小红书"是传媒茶话会过去6年精品力作的凝结

和转化，书中每一篇文章都是被验证可行的方法论，对新闻工作大有裨益，建议传媒从业者有时间读一读。

11.陕西广电融媒体集团党委书记、董事长、台长　刘兵

为媒体采编业务排坑、避雷，分享打造爆款内容、产品的方法。"传媒实操小红书"切中融媒特点，兼具理论性与实用性，案例丰富、翔实，具有借鉴性。媒体人读之，必能有收获、有启发。

12.四川日报报业集团党委副书记、总编辑　李鹏

"预见""权威""影响"是传媒茶话会的slogan，这六个字在三册"传媒小红书"的内容上得到了最生动的体现。长期关注行业才能够及时洞察行业需求，进而预见行业发展，权威和影响力也顺势而来。预祝传媒茶话会首套作品大卖！

13.新京报社党委书记、社长　刘军胜

实用的采编技巧、宝贵的爆款经验、真诚的避雷建议，三本"小红书"在对标媒体工作实际需求的同时，紧跟新时代新闻宣传工作的具体要求，将理论与实践紧密联系，对优质作品不吝褒奖，对存在的问题直言不讳。真心推荐业内人士研读借鉴，值得收藏！

14.深圳报业集团党组书记、社长　丁时照

"读天下书知天下事，读万卷书行万里路。"知晓、学习、

提高新闻业务那些事，深入调研、走基层，锻炼"四力"，不得不读传媒茶话会出版的这三本"小红书"，它们实用，有启发性，有实操性。

15.中国社会科学院新闻与传播研究所所长、中国社会科学院大学新闻传播学院院长　胡正荣

在融合传播环境下，"酒香也怕巷子深"，主流媒体要实现精准传播、有效传播，打造出爆款产品，必须丰富产品的形态。《不容错过的爆款小经验》从主流媒体对新技术、新表达方式、新传播方式的探索和应用角度出发，拆解了众多爆款产品的成功之道，为主流媒体在融合传播格局下实现有效传播提供了重要的参考。

16.复旦大学新闻学院院长、《新闻大学》主编　张涛甫

由于自媒体、新媒体的参与，舆论场愈显复杂。众声喧哗之中，需要主流媒体提升"四力"，及时做判断、定调子，发挥主动权，做社会的引领者。而如何把握其中的时、度、效，则是对主流媒体的专业性的检验。"传媒实操小红书"提供了丰富的媒体实践案例，既有总结，又有反思，可作为媒体人的案头书。

17.清华大学新闻与传播学院院长、教授　周庆安

开卷有益，开好卷是获益的前提。传媒茶话会博采传媒业务研究文章之众长，密切关注传媒研究前沿热点，优选与传媒

业务相关的精品文章以飨读者，让书香四溢，打造媒体人的精神家园。

18. 北京大学新闻与传播学院院长　陈刚

"腹有诗书气自华，胸藏文墨怀若谷。"传媒茶话会出版的这套书，为提高新闻采写能力提供了有效方法，为媒体推进融合提供了重要借鉴，读者读完必能有所收获。

19. 广西大学特聘君武荣誉教授，中国人民大学新闻学院教授、博士生导师，教育部社会科学委员会委员兼新闻传播学科召集人　郑保卫

新闻是一个需要靠理想、激情和热血去为之奋斗的行业。唯有真心热爱，才能初心不改；唯有心存敬畏，才能甘愿奉献。传媒茶话会是全国媒体人看着成长起来的公众号。多年来，传媒茶话会同无数新闻人一样一直坚守着新闻理想与情怀，保持着对新闻的热爱和敬畏，坚持真诚为媒体人服务，提供及时工作建议与指导，成为大家离不开的业务交流与沟通平台。

如今，三本业务指导书的出版应该是茶话会成长过程中的一个里程碑，将会使更多媒体人受益。

20. 清华大学新闻与传播学院教授、博士生导师，《全球传媒学刊》执行主编　陈昌凤

观察剖析业界动态，指导鼓励媒体前行。传媒茶话会开创

了一个宝贵的专业性平台，为很多媒体人指引领域方向，其中集萃的传媒大咖观点，凝练的媒体实操经验，裨益很多媒体人。这是一套入行必看的书，相信借助这套"传媒实操小红书"，年轻的记者编辑能快速成长起来、担当起来，成为符合时代需求的新闻工作者。

21. 中央民族大学新闻与传播学院特聘院长、教育部大数据与国家传播战略实验室主任　张昆

不虚言、唯实唯用是我对传媒茶话会的直观感受，也是"传媒实操小红书"的风格特色。这套实用的媒体工具书，针对不同问题，提出了很多短、平、快的实操方案，简单好理解，轻松易上手。

22. 兰州大学新闻与传播学院院长　冯诚

热度与深度兼容、幽默与严谨同在！作为"茶茶"的老朋友，很喜欢它的推文时效和行文风格。读这套书就好像和一位新闻界的老友聊天，对话中就能获取学界、业界关于热点事件的睿智观察和实操方法。

23. 重庆大学新闻学院院长、重庆大学数字媒体与传播研究院主任　董天策

观传媒热点，寻爆款之法。这套"新闻工具书"用丰富的传播案例和专家的深入分析，帮你答疑解惑，处理实际问题，提高新闻"功力"。

24. 中国人民大学教授、博士生导师　宋建武

这些作品生于实践，长于思考，由术及理，充分展现了新闻界所面临的热点、难点问题，并给出了专业性强、可操作的应对之法。

25. 中国社会科学院新媒体研究中心副主任　黄楚新

这套书涵盖避雷建议、爆款经验、采编技巧三方面，能实实在在帮助媒体人解决现实问题。"传媒实操小红书"不仅对传媒茶话会的文章进行了精心分类，还增加了读者的精彩点评与互动内容。不仅能让读者学到实操技能和实用方法，同时，由于其编排精细，看的过程也轻松、有趣。